L'ART
DES
EMBLEMES.

Par le P. C. FRANÇOIS MENESTRIER,
de la Compagnie de IESVS.

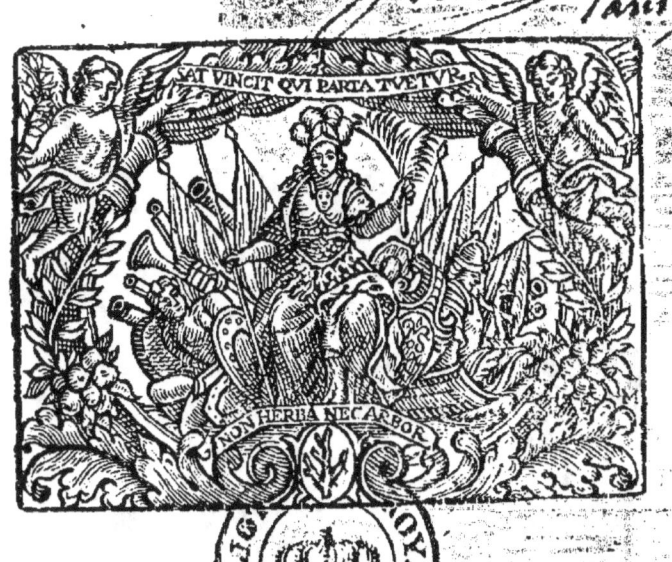

SAT VINCIT QVI PARTA TVETVR

NON HERBA NEC ARBOR

A LYN,

Chez BENOIST CORAL, *libraire*
à l'Enseigne de la *Victoire.*

M. DC. LXII.

Auec Priuil

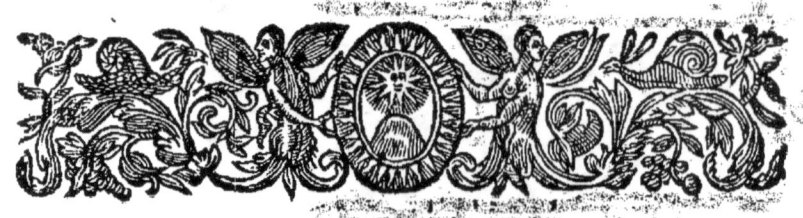

A MONSEIGNEVR

LE COMTE PHILIPPE

De S. Martin d'Aglié.

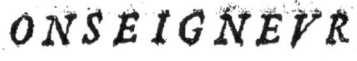

ONSEIGNEVR,

M Ie ne fuis pas du fentiment de
ceux qui ne cherchent la pr
ſtion des Grands, que pour mettre leur
ges à couuert, ſous des titres ſpeciev
fiques, ou pour p   r de l'eſ
de ces noms   eux, do
faire d   rité. C

ny le rang, ny la fortune de V. ExcellenCe
qui m'obligent de vous offrir l'art des Emblemes, & si ie prends la liberté de le donner au
Public sous vostre aueu, c'est moins pour le ga-
rentir de l'enuie, que pour trouuer en vous le
iuge le plus raisonnable, & l'arbitre le plus
eclairé des principes que i'establis. Cet art qui
fait les images des mœurs, & qui met en figures toutes les maximes de la Politique, & de la
sagesse agissante à des beautez qui ne sont pas
vniuersellement connües, & quoy que ces peintures ingenieuses fassent les ornemens ordinaires des Palais, & des Cabinets, elles sont le
plus souuent des mysteres cachez à ceux qui en
embellissent leurs Galeries. Vous n'estes pas
MONSEIGNEVR du nombre de ces Illustres
de montre, & de ces Idoles de la fortune, qui
n'ont rien de grand que leurs tiltres, ny rien de
pretieux que la matiere dont elles sont faites,
& le ornemens qui les parent. Quelque
plainte 'n puisse faire de nostre siecle, ou
l'Esprit c   l'ortune   nt rarement d'accord,
vous répondez mieux a   auances qu'elle a
faites pour vous, &   stre Conduite, iustifie
assez que c'est par rai   plus de Iusti-
que d   r qu'elle   ait sortir d'vne
               ncestres on porte les sceptres,
                                              &

& les Couronnes d'Italie, puisque vous retenez encor les sentimens genereux de ces Heros. Ce n'est pas seulement à cette naissance éclatante que vous deuez, les auantages que vous possedez ; vostre generosité, & vostre esprit, en ont accreu le renom à mesure que vos Souuerains vous ont employé iusques icy dans les affaires les plus importantes durant la Guerre, & durant la Paix, dans les armées, & dans le Conseil. On vous a veu dans les Cours estrangeres, soustenir les interests de vos Maistres, auec vne fermeté d'esprit, & vne eloquence aussi persuasiue qu'ell'estoit iuste & vigoureuse dans les negotiations difficiles. Ainsi MONSEIGNEVR l'image de vostre vie fait l'embléme le plus beau que ie puisse donner au public. Elle peut fournir des exemples de morale, & de politique à tous ceux que le merite, eleue au rang où vous estes. Vous auez mesme sceu ioindre dans l'exercice de vos charges les Graces auec les V[er]tus, & les Muses auec le tumulte [...] aff dont l'alliance est si rare, & l'[...] leuse. Vous verrez MONSE[...] ouurage les regles d'vn art [...] vous y trouuere[...] des [...] les imag[es] de vn per[...] vos id[e]es. Ie sou[...]

qui vous attache a des emplois plus vtiles &
plus laborieux, vous permit d'instruire le Public des artifices sçauans de ces delassemens ingenieux, qui vous detendent quelquefois de vos
occupations serieuses, nous n'aurions plus aucun
sujet de nous plaindre des anciens, qui nous
ayant laissé la methode de tous les Arts n'ont
rien écrit de celuy-cy, & vous y repandriez abondamment les lumieres que vous donnez à tout
ce qui part de vous. Ce n'est pas donc MON-
SEIGNEVR pour vous dire quelque chose
de nouueau sur vn sujet dont vous n'ignorez
rien que ie presente à V. E. Ces reflexions que
i'ay faites sur la pratique des Emblemes ; mais
seulement pour trouuer occasion de publier que
ie suis auec autant de respect que de passion.

MONSEIGNEVR,

De Vostre Excellence,

Le tres humble & tres obeissant
eur.

NESTRIER, de la
agnie de IESVS.

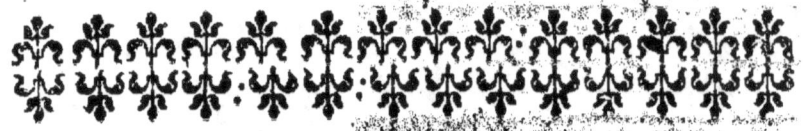

A MONSEIGNEVR
LE COMTE PHILIPPE
de S. Martin d'Aglié.

SONNET.

Vr l'ancienne deuise de sa famille, qui est de cinq dards antiques d'or liez en poignée auec ce mot *sans departir* & sur l'Emblême du Frontispice de ce Liure.

Desirs ambitienx d'vne gloire immortelle
Cessez de mettre au iour sous de si vains attraits
Tant de tableaux flattez, & tant de faux portraits
Dont la pompe n'a rien qu'vne montre infidele.

Voicy du vray Heros le plus iuste modele
Les Dieux pour le former vnirêt tous leurs *traits*,
Et d'vn sang genereux les plus nobles extraits
Y firent de leurs feux vne flame plus belle.

Mars d'vn trait allumé d'vne v chale
Fit couler dans ce sang l'esprit
Et tous les Dieux sçauans y miren

Quand Diane & l'Amo
Mesierent au prosent
L'addresse de le

S. Martini Amichi conti nel Canauese deriuati da Marchesi d'Iurea Regi d'Italia, e seminario d'huomini illustri. M. la Chiesa fiori di Blasoneria.

Messire Philippes de S. Martin d'Aglié des Comtes de S. Martin, Marquis de S. Damian, & de Riuarol, Conseigneur des Vallées de Pont & Chasteau-neuf, d'Aglié, Front, la Tour, & Ceruere, Cheualier Grand Croix des Saints Maurice & Lazare, Comte & Commandeur de Gunse, Seigneur de Bair, Marechal de Camp general de Sa Majesté tres-Chrestienne, & de son Altesse Royale, Sur-Intendant generalissime des Finances, tant deçà que delà les Monts, Conseiller du Conseil d'Estat secret, Capitaine des Cuirasses de la Garde du Corps de S. A. R. & puis grand Maistre d'Hostel de Sauoye, Cheualier de l'Ordre. Ecartelé au premier & quatriéme d'azur à neuf lozanges d'or accollées trois à trois au deux & trois de gueules. Cimier vn demy griffon d'argent, tenant à châque serre vne courte espée leuée en haut de mesme, & couronné d'or. L'Ecu accosté de la deuise de sa famille, qui est de cinq fleches d'or liées de mesme en poignée auec le mot *sans departir*. M. Capré catal. des Cheualiers de l'Annonciade.

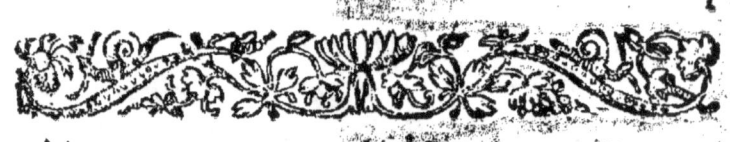

L'ART
DES EMBLEMES.

CHAPITRE I.

Des Peintures sçauantes en general.

A Peinture est depuis long temps
l'Ecole des sages, & l'estude des scu-
uerains. C'est vne parleuse muette,
qui s'explique sans dire mot, & vne
eloquence de montre qui gagne le
cœur par les yeux. Ses discours ne l'epuisent point,
elle fait des leçons publiques sans interrompre son
silence, & pour estre sans mouuement elle n'est pas
moins agissante, ny moins efficace à persuader. C'est
vne beauté fardée, qui doit toute sa grace à ses artifices; mais quoy que son teint & sa bonne mine ne
soit qu'vn peu de plastre & de ceruse elle ne manque pas d'adorateurs. On luy dresse des autels dans
les temples, & si nous remontons aux temps de l'I-
dolatrie d'Athenes & de Rome nous trouuerons
qu'elle a receu les vœux & les soumissions de tous
les peuples. Ses charmes sont si puissans, qu'il a *Exod.*
fallu que la diuinité la defendit aux premiers siecles, pour empescher qu'on ne luy eleuast des temples, & qu'on ne luy offrit des sacrifices. L'
à tant d'inclination pour son origine
toutes les copies, iusqu'à s'oubli

lequel elles ont esté tirées. Il semble que son amour
soit iuste, puis qu'il est fondé sur la ressemblance,
& qu'estant l'Image de Dieu il a du rapport aux
tableaux, & de la sympathie auecque les portraits
& la peinture.

Toute la nature est vne boutique de Peintre, où
l'on void des tableaux de toutes les montres. Le
Ciel est plein de figures, & de crotesques, depuis
que nos Poëtes, & nos Astrologues y ont attaché
des images de fantaisie, & qu'ils ont feint que Iupiter s'amusoit à peindre des Centaures, des Ourses,
des Chiens, des Lyons & des Ecreuisses. Leur imagination y a placé des Princes, des Reines, des Heros, des Trônes & des Couronnes, & pour assem-
bler tous les elemens dans vn corps, qui est au des-
sus d'eux, ils y ont mis des Oyseaux, des Poissons,
des Plantes, des Animaux, & des Riuieres. Il n'est
pas iusques aux nuës quelques grossieres qu'elles
soient, qui ne seruent de table d'attente au Soleil.
Ce grand ouurier y fait de la pointe de ses rayons
des armées & des combats : il y mesle les iours &
les ombres auec tant de succez, qu'il s'y fait des
couronnes, & des arcs de triomphe, & tire souuent
son portrait auec tant de iustesse, qu'on doute si
l'original est plus beau que la copie, & le Soleil plus
brillant que le parelie.

Si nous descendons du Ciel en terre, qu'y ver-
rons nous que des images ? Narcisse n'est plus seulement de la fable, & des Metamorphoses ; nos miroirs font plus d'Idolatres, que les glaces coulantes
. . . Ces amis fidelles à qui les dames se
les iours, font des portraits sans
couleurs,

couleurs , qui ne durent qu'autant qu'on les regarde. La vûe le plus délicat , & le plus subtil de
nos sens ne se fait que par des especes, qui sont les
representations des objets , & des peintures a diuerses faces , qui nous les montrent sans desordre.
Nos ombres nous accompagnent par tout, nous faisons des tableaux , qui sont dans leur tour sans estre
eclairez,& ces tableaux ont cet auantage sur les autres , qu'ils ne sont pas sans mouuement si nous
changeons de place. Les fleurs & les plumes des
oiseaux sont des pieces , qui valent mieux que les
figures correctes du Guide & les caprices de Frein.
Et les songes mesmes sont des peintures qui representent en ombres toutes les beautez de la nature.

La Philosophie de Platon, qui a passé pour diuine au siecle des Sages, a fait des Images pour les
esprits , en reconnoissant des Idées , qui sont les
grands originaux de toutes les natures,& les exem-
plaires des especes , & des indiuidus. On peut
dire en faueur de cet Art,qu'il fait les ornemens les
plus beaux de nos Poëmes,comme il fit ceux des
galeries,des temples, & des cabinets,qui osteroit à
Nonnus les sept tableaux dont il a fait la pompe
de ses Dionysiaques,à Virgile les peintures du siege
de Troye qu'Enée vit dans le temple de Carthage,
à Claudien le voile de Proserpine,qui estoit vn tableau a l'Eguille , & à Eschyle les Emblemes des
boucliers des braues , qui combattirent deuant
Thebes leur osteroit ce qu'ils ont de plus agreable.
Nos nouueaux Romans qu'on peut appeller des
Poëmes en prose, les belles chimeres d'vn ent
nation oisiue, & les songes ingenie l'origi

A

eueillé font de cette maniere. Ils font riches en defcriptions, ils bâtiſſent des Palais d'or, de Marbre
& de Porphyre fans epuifer les mines, ny les car-
rieres, & les pinceaux les plus fçauans y reprefentent en vn moment toutes les batailles d'Alexandre, les auantures de Cyrus, l'hiſtoire des Otho-
mans, & les beautez les plus charmantes de la
Grece.

La Verité meſme que les anciens ont reprefentée
toute nüe a de fi doux charmes fous ces voiles,
qu'elle inſtruit en diuertiſſant. C'eſt ce qui fit en-
treprendre à Cebes ce magnifique tableau qui eſt
l'Idée de la vie, & vne morale en couleurs. Delbene
à fit à fon imitation la ville de la verité, & de nos
iours nos plus celebres écriuains ont mis la morale
Chreſtienne en Images, & en Emblemes.

En fin la peinture n'eſt pas feulement vne imitation nüe de la nature, elle fert à l'explication des
connoiſſances les plus recherchées, & depuis les
Egyptiens, qui commencerent les premiers à couurir leurs myſteres fous des hieroglyphes, toutes les
autres nations ont fait gloire de les imiter. C'eſt de
cet art merueilleux, que font fortis les Emblemes,
les deuifes, les Enigmes, les chiffres, les blafons, &
les empreintes des medailles & des monnoyes, qui
font vne partie des belles lettres. La Poëſie meſme
& l'Eloquence font des peintures fçauantes, puis
que l'vne n'eſt qu'vne pure imitation, & que l'autre à fes figures, & fes Images comme les appelle.

τὰ ὀνομα-
τα μιμή-
ται.

noté.

Mais hors d'œuure de faire connoitre en
……té de chacune de ces peintures.

Les

LES HEROGLYPHES font des Peintures my-
sterieuses, qui font le caractere d'vne perfonne, d'v-
ne actió, ou d'vne chofe facrée. Comme quand nous
reprefentons le S. Efprit fous la forme d'vne Colombe, & la Trinité par vn Triangle. Les Egyptiens
furent les premiers, qui les inuenterent pour donner plus de maiefté à leurs myfteres en les cachant
aux ignorans. Ainfi ils reprefentoient la prouidence
diuine par vne baguette fur laquelle eftoit vn œil.
Il femble que c'eft de nos liures facrez qu'ils em-
prunterent ces myfteres & que les liures de Moyfe
leur feruirent d'Idée & de modelle pour ces inuentions, dont Horus Apollo compofa vn liure entier.
Et depuis luy Athenée, Paufanias, Clement Alexan-
drin, Porphyre, Pline, Apulée, Diodore de Sicile &
Plutarque nous en ont donné de belles connoiffances. Apres ces grands Autheurs, Pierius, le P.
Cauffin, & le P. Athanafe Kirker nous en ont recueilli de beaux reftes, & de riches monumens dans
des volumes entiers fur ce fulet.

    On peut diftinguer les hieroglyphes en trois or-
dres, en ceux de la Synagogue, de l'Idolatrie & de
l'Eglife.

    Ceux de la Synagogue font l'Arche d'Alliance,
le Propitiatoire, le Chariot vû par Ezechiel, qui reprefentoit la diuinité; les fept yeux vûs fur vne pierre. Le volume volant, & cent autres dont les Pro-
phetes font pleins, & dont les faints Peres &
Interpretes ont donné diuerfes explications.

    Ceux de l'idolatrie & dót les Egyptiens furét les
premiers inuenteurs, eftoient hiéroglyphiques
prefentoient par les animaux & par les globes

[marginal notes:] Symbola Pierÿ. Symbola Ægyptiaca Cauffini. Oedip. Ægypt. Athan. Kirkeri.

turelles, les mysteres les plus sublimes de leur Theologie, & la conduite du monde. Pythagore les ayant
appris des Egyptiens au rapport de Iamblique, les
fit passer dans la Grece, & dans l'Italie, & enueloppa
les mysteres de sa sagesse sous ces voiles.

L'Aigle & la foudre furent les symboles de Iupiter, le Paon de Iunon, la pique, & la teste de Me-
duse de Minerue, le laurier, & la lyre, d'Apollon.
L'oliue fut le symbole de la Paix, le Cypres de la
mort, l'Espy de l'Abondance, le laurier de la Victoire, le Lion de la Maiesté & de la colere, le Ser-
pent plié en rond de l'Eternité, & le caducée des
Alliances. Le Soleil signifioit la diuinité, l'vnité, la
verité, la maiesté, l'année, & la vie humaine pour ce
qu'il est le principe de toutes les choses naturelles,
qu'il est vnique, qu'il éclaire toutes choses, qu'il
aueugle ou qu'il éblouit ceux qui le regardent trop
fixement, qu'il mesure l'année par son cours, &
qu'il se leue & se couche tous les iours.

L'Eglise a encore les siens, qui luy seruent à distinguer les Saints, & à les faire connoitre en leurs
images. Comme le Tau, la Clochette, vn pourceau
& vn baston sont les symboles, qui nous font connoitre S. Antoine. On peint tousiours vn Lion pres
de S. Hierome, vn Dragon au pied de S. George
qu'on represente en Caualier, vn gril entre les mains
de S. Laurens pource que ce fut l'instrument de son
...re, vn...s, ...e d'onguens en celles de sainte
... ...heueux espars, vn cierge allu-
... sainte Geneuieue, & les quatre
... ...rent par les quatre mysti-
... ...echiel. C'est ce qui
s'appelle

s'appelle hieroglyphe, qui n'eſt proprement que le ſymbole d'vne choſe ſacrée quoy qu'on ayt eſtendu ce nom à toute ſorte de ſymboles.

LES ENIGMES, ſont des peintures obſcures, & difficiles à expliquer, compoſées des choſes qui ſont naturellement incompoſſibles, & qui ſemblent purement chimeriques, comme vn Cerf aiſlé, vne chimere faite de trois animaux, vn monſtre à pluſieurs teſtes, &c.

[note marginale : incom-poſibles]

Il y a de trois ſortes d'Enigmes en peinture. Car ie ne parle point icy de celles, qui ſe font par de ſimples interrogations obſcures, comme quand on demande qui eſt celuy, que l'on met à la torture apres qu'il a eſté pendu, c'eſt le raiſin, que l'on preſſe. Il y à quantité d'Enigmes ſemblables chez les anciens Poëtes Grecs. Symphoſius en à fait auſſi de Latines, & nos Poëtes François en ont fait par diuertiſſement, qui ont eſté recüeillies en vn corps par Monſieur Cotin.

Les Enigmes figurées ſont 1. des hiſtoires cachées ſous des ſymboles difficiles à deuiner comme quand on repreſente l'hiſtoire de Semiramis par vn tableau de l'Aſſomption de noſtre Dame, la decadence des Empires par la chûte de S. Paul, &c. toute l'application eſt dans les ſymboles, qui doiuent eſtre indiuiduels & ſinguliers autant qu'il ſe

2. Les proprietez naturelles des choſes repreſentées par des hiſtoires comme on repreſente les effets du ſommeil par le nez des Egyptiens. Les ſ...... ſeroient repreſentez p...... bilieux par le ſang

Aëriens par l'Ange, & des flegmatiques par le Nil, &c. 3. La troifieme efpece eft des Enigmes, qui confiftent en vn feul mot reprefenté par diuerfes chofes, & ce font proprement celles, qu'on appelle *Rebus.* Comme on a péint autre fois vn homme vetu de peau, portant des fueilles dans vne hotte, & le mot eftoit *porte-fueille couuert d. peau.*

Le fens des deux premieres fortes eft caché fous les diuerfes poftures des corps, les couleurs des habits, le nombre des figures, & les fymboles particuliers dont on les charge. Toutes ces chofes doiuent eftre authorifées par la pratique des Anciés, dót ón cite les authoritez quãd on explique ces peintures.

LES CHIFFRES ne font que les lettres du nom d'vne perfonne diuerfement entrelaffées. Il y a plus d'inuention à les ioindre agreablemét, que d'efprit les inuenter, on les fait quelque fois auec des guirlandes de fleurs, des branches de palme ou de laurier, ou quelques autres chofes qui ont du rapport aux lettres comme on fe fert d'vn compas couché & ouuert pour vn V. d'vn fufil pour vn B. d'vn croiffant pour vn C. d'vn cercle, ou d'vn anneau pour vn O. d'vn ferpent pour vne S. d'vne Equierre pour vne L. d'vn niueau pour vn A. d'vne colomne pour vn I. &c. Ces chiffres font les plus ingenieux à caufe des applications heureufes qu'on peut faire de ces figures auec la perfonne, & pour lors ils tiennent de la deuife. Comme vn excellent efprit rencontra heureufement fur les chiffres de Charles Saúoye, & de Catherine d'Auftriar fe feruant des deux C. comme cles, qui font le cercle parfait eftant

estant vnis, il aiousta pour deuise *Iuncta orbem im-
plent*, qui seruoit d'vn beau presage à leur mariage. Les Imprimeurs ont cent inuentions semblables pour leurs lettres grises, qui sont les Initiales
des liures.

Le Roy René, qui prenoit plaisir à la peinture
en laquelle il excelloit, reussissoit merueilleusement
en ces chiffres. En voicy vn de la premiere lettre
de son nom.

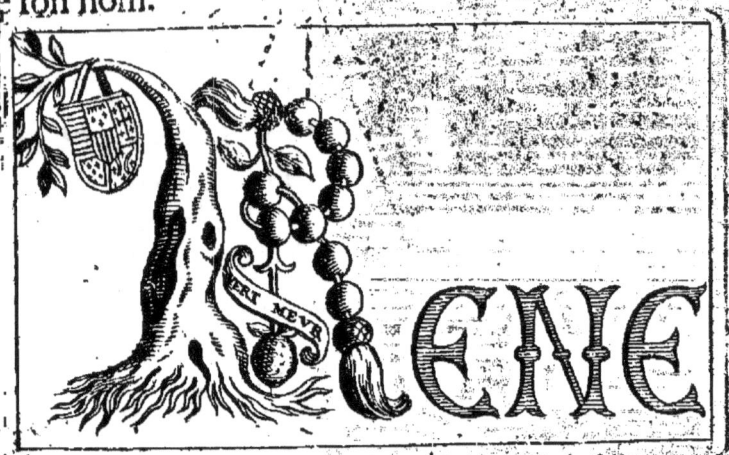

Ce vieil Tronc, qui pousse vn ieune reietton represente le Roy René, & le reietton Iean de Cala-
bre son fils né en la vieillesse de son Pere. Le Chap-
pellet fait allusion à la maistresse de ce Prince, qui
se nommoit *Capelle*, comme on dit en Prouençe
Cappellet pour *Chapellet*. L'orange auec ce m
Vert Meur, estoit la deuise du Roy René p
quelle il vouloit dire, que comme l'ora
meure a moitie verte lors qu'elle est mei
aussi vert en sa vieillesse. Ie pre
Reine Regente vne deuise chiffre
representoit la premiere lettre
son surnom ANNE D'AV

vûe du baſtiment du College & ce mot Italien,
*Col mio aiuto s'ereſſe.*Il s'eſt eleué par mon moyen,

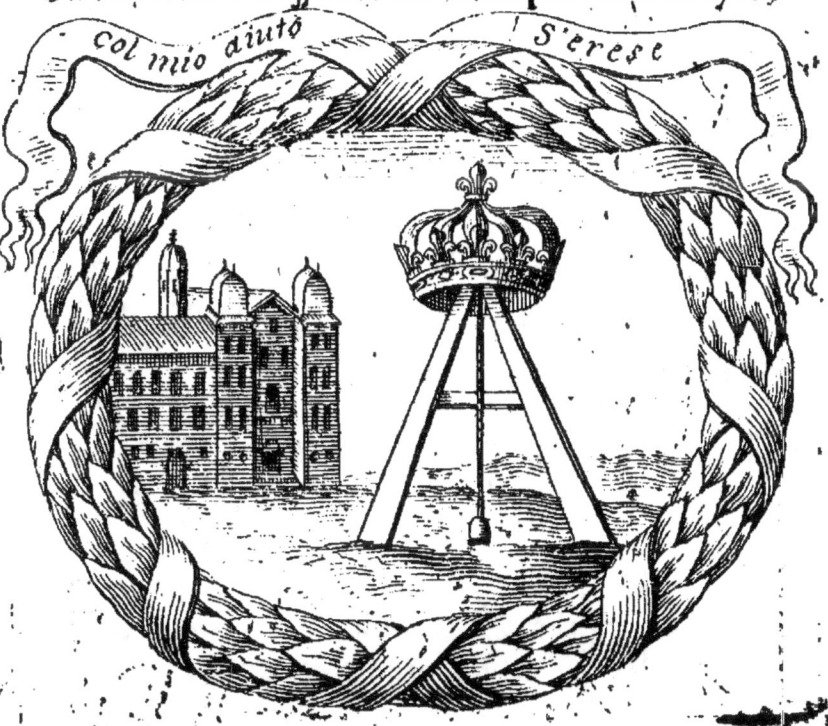

Cette deuiſe fut faite pour la remercier de ſes li-
beralitez enuers ce College apres ſon incendie ; &
ces vers en firent l'application.

> Ce pompeux baſtiment, ce temple magnifique,
>   Ont fait aux maiſtreſſes des Arts,
>   Durant tous les troubles de Mars
>   V.... ...ra;te pacifique.
> Ils me ....ent leur gloire, & leur acheuement,
> ....s n'ont point de matiere, ils n'ont point d'orne-
>   m....nt,
> Qui.... e ſoit vn effet de ma ſage conduite:
> I'ay fait agir les ma...s qui les ont eleuez,
>   ... formé leurs proiets, i'en ay reglé la ſuite,
>   'eſt par ... n moyen qu'on les void acheuez.

Les

Les Monogrammes anciens des monnoyes, & des feings eftoient des efpeces de chiffres, mais ils n'a-uoient pas les beautez de ceux dont on fe fert au-iourd'huy.

LES BLASONS, font les peintures de la valeur, & les images de la Nobleffe. I'en ay fuffifamment expliqué la nature, les efpeces ; & les parties dans mon *veritable Art du blafon*, qui n'eft que la montre d'vn plus grand ouurage, dont i'ay def-la publié le proiet pour demander du fecours & des memoires. Ie l'aioute encore à la fin de ce recueil pour le ren-dre plus public, & pour inuiter de nouueau les fça-uans & les curieux à contribuer à vne fi grande entreprife.

LES DEVISES, font des peintures ingenieufes, qui fous les proprietez des chofes naturelles, ou ar-tificielles & leurs reprefentations accompagnées de quelques mots qui feruent d'ame à ces corps, nous expriment les fentimens Herciques des perfonnes illuftres. I'en donne grand nombre d'exemples dans vn recueil des plus belles, qui ont pû venir à ma connoiffance, & ie ioins ce recueil à celles que i'ay faites fur le fuiet de la Paix.

LES EMPREINTES des medailles & des m noyes, font toute forte de figures rep. auec é leurs reuers foit qu'elles foient naturell R matiques, des hieroglyphes ou des de ordinairement à la loüange de la l'action à l'occafion de laquelle Comme à l'occafion de la p Maiefté en cette ville, M Marchands & Efcheui

ou l'on voyoit le Roy veftu en Heros, & monté
fur vn chetual que la Force & la Iuftice condui-
foient, auec cette legende : *Quo virtus & iura*
vocant. Et fous l'exergue MERC.PRÆP.ET COSS.
LVGD.

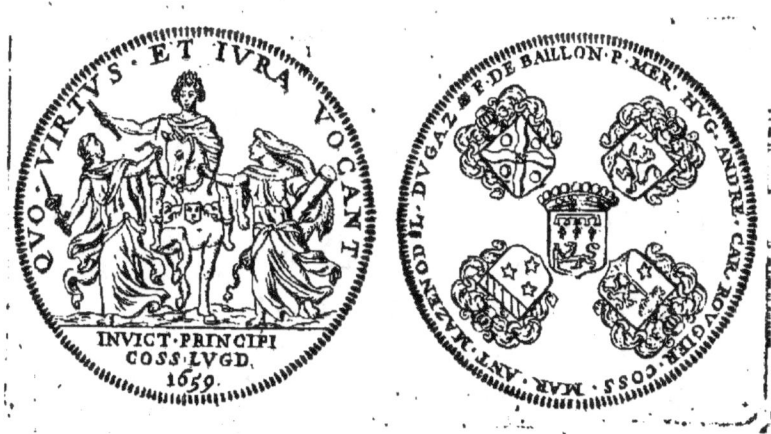

Goltzius, Auguftin, Erizzo, Fuluius Vrfinus,
Strada, du Choul, Monfieur de S. Amant, & le fieur
Iean Baptifte le Meneftrier mon parent, ont fi bien
ecrit des medailles anciennes qu'il ne nous refte
rien à fouhaiter fur ce fuiet. Luckius, & Iacques
de Bie nous ont donné les recentes, l'vn en fon *fyl-*
loge numifmatum Imperatorum & Principum. Et
l'autre en fes deux volumes de la France Metallique.

Il refte à decrire la nature des Emblemes,
qui font le fuiet de ce traité, ou ie rechercheray
leur definition, leurs efpeces, leurs figures, leurs
        leurs fignifications, les vers dont on fe
        les expliquer, & la maniere de les i-

CHAPITRE

CHAPITRE II.

Du nom & de la definition de l'Embleme.

L'Enigme & l'Embleme ont des noms, qui nous decouurent leur origine, & qui nous font connoître, que nous en deuons l'inuention ou la perfection aux Grecs, chez qui ἔμβλημα signifie toute sorte d'ouurages faits de pieces de rapport, aussi donnoient ils indifferemment ce nom aux figures des vases, des buffets, des pierrcries, & du paué à la Mosaïque, on le trouue pris dans tous ces sens dans le droit, au rapport de Brisson *de verborum significat.* ou il dit. *Emblemata dicebant, r, quæ schyphis, phialis, speculis, absid:bus vasisque ornatus gratia adiungebantur.* L. 17. D. *de auro argento.*

Suetone nous apprend, que Tibere ayant ouy ce *In Tiber. cap. 71.* mot dans le Senat, il commanda qu'on le changeat en vn mot Latin, ou qu'on vsat plutot de detour, que d'introduire vn terme Grec dans vne langue abondante. *Sermone Græco quamquam aliàs promptus & facilis non tamen vsquequaque vsus est. Abstinuitque maxime in Senatu: adeò quidem vt Monopolium nominaturus prius veniam postularit, quod sibi verbo peregrino vtendum esset, atque etiam in quodam decreto Patrum cum* ἔμβλημα *recitaretur commutandam censuerit vocem & pro peregrinâ ro stratem requirendam, aut si non reperiretur vel pluribus, & per ambitum verborum rem enuntiandam.*

Ce nom, qui a esté commun chez les Grecs, & chez les Latins est deuenu singulier depuis qu'A

ciat à recueilli les peintures morales des anciens, &
& qu'il les a expliquées en vers. Cebes & Philostrate s'estoient contentez de donner le nom d'I-
mages & de Tableaux à leurs Emblemes, mais comme ce nom conuenoit à toute sorte de peintures,
l'vsage, qui a droit de prescrire à fait que ce mot
Grec est a present vniuersellement receu parmy les
sçauans pour vne peinture d'instruction.

Ceux qui nous ont laissé de ces images ne se sont
guere mis en peine de nous en faire connoître la
nature, & les anciens, qui ont reglé tous les Arts ne
nous ont point appris celuy des Emblemes, soit
qu'ils ayent cû que l'esprit est assez heureux a les
inuenter sans qu'il ayt besoin de preceptes, soit
qu'ils en ayent voulu laisser la pratique plus vague
& plus libre sans l'astreindre à de certaines regles.
Alciat, qui a esté le premier qui les a rendus celebres apres le restablissement des lettres les decrit de
cette sorte en sa Preface à Peutinger.

Hæc nos festiuis emblemata cudimus horis,
   Artificum illustri signáque facta manu.
Vstibus vt torulos, petasis vt figere parmas,
   Et valeat tacitis scribere quisque notis.

Mais ces vers ne disent rien de plus, que ce que
les anciens en ont dit, quand ils ont pris pour Emblemes toutes les figures des vases d'or & d'argent,
& les ornemens des cabinets : mesme le dernier
vers semble l'estendre iusqu'aux chiffres secrets
dont on vse dans les lettres importantes, que l'on
ce fait qui ne soient surprises. Il en a plus dit en
plus de de mots dans son traité *de rerum & verborum*
significacion il dit: *Verba significant, res significantur:*
                                                     tametsi

tametsi & res quandoque significent, vt hieroglyphica apud Orum & Chæmeronem, cuius argumenti & nos carmine libellum composuimus, cui titulus est Emblemata. Car il semble dire que les Emblemes sont des discours muets, vne Eloquence des yeux, vne Morale en couleurs, & des choses qui signifient, & qui expriment nos pensées.

Minos qui a fait des commentaires sur Alciat, ne nous eclaircit pas d'auantage cette matiere, car en vn endroit il dit auec tous les Anciens. *Dicitur Emblema quidquid interseritur ornatus causa, non modo parietibus & pauimentis, sed & rebus alijs permultis, vt vasis, pateris, vestibus; cuiusmodi sunt clauiculi, aut imagines aureæ, vel argenteæ, vniones, & gemma, cæteraque generis eiusdem.* Vn peu apres il donne ce nom aux vers dont les peintures sont accompagnées. μετωφορικῶς *hic Emblemata vocantur carmina, quibus imagines, agalmata, pegmata, & id genus alia scitè adinuenta variè & erudite explicantur. Sed & oratio varijs verborum rerúmque pigmentis & lenocinijs Rhetoricæ artis elaborata, Emblematis referta dici figuratè potest.* Il dit pourtant vn peu auparauant *fatemur quidem Emblematis vim in simbolo sitam esse.* Qui est proprement l'application ingenieuse d'vne figure à quelque enseignement moral, & cela est plus conforme à ce qu'il en dit ailleurs, que c'est l'ouurage des personnes spirituelles. *Emblema est aliquid ab ingeniosis ingeniosè excogitatum.*

Monsieur Brebeuf en a fait excellemment le Caractere en son troisieme liure de la Pharsale, parlant de l'Inuention des lettres, qui nous vient des
Phœni

Pheniciens. Et certes il a de beaucoup encheri fur
l'Autheur, qui luy à feruy d'original, & quelque
eleué que foit le Poëte Lucain dans fes penfées &
dans fes expreffions il eft demeuré cette fois au
deffous de fon traducteur, comme il eft facile de
voir en confrontant les vers de l'vn & de l'autre.

Phœnices primi, fi fama creditur, aufi
Manfuram rudibus vocem fignare figuris.
No..dum flumineas Memphis contexere biblos,
Nouerat.& faxis tantùm volucréfque,feráque;
Sculptáque feruabant magicas animalia linguas.

Ces cinq vers font plus elegamment rendus en
ceux-cy de noftre langue, qui peuuent feruir de definition aux Emblemes.

C'eft de luy que nous vient cet Art ingenieux,
De peindre la parole,& de parler aux yeux,
Et par les traits diuers des figures tracées
Donner di la couleur & du corps aux penfées.
Memphis arparauànt fur de rudes metaux
Donnoit a fes fecrets l'air de fes animaux,
Et des Lions fans ame,ou des Aigles muettes,
De fes conceptions eftoient les interpretes.

Pour dire en Profe, ce que cet incomparable
Poëte à dit merueilleufement eu vers. Ie dis que
l'Embleme, *eft vne reprefentation fymbolique dont*
l'application ingenieufe expliqueé par vne fentence
ou par quelques vers exprime quelque enfeignement
Moral, ou fçauant. Ie l'appelle *vne reprefentation,*
qui eft vn nom commun à toutes fortes de figures,
de plantes, d'animaux, & d'autres chofes femblables, en quelque matiere que ce foit,pour ne me pas
eloigner entierement des Anciens, qui ont donné

le

fur
ue
&
ui
le

le nom d'Emblemes aux repreſentations, qui ſeruoient d'ornemens aux plafons des ſales & des cabinets, & à la vaiſſelle dont ils ſe ſeruoient. Le nom
meſme de *repreſentation ſymbolique* luy eſt commun auec les deuiſes, les reuers des Medailles, les
Enigmes, & les hieroglyphes, & il tient lieu de
genre en cette definition, à cauſe qu'il conuient à
toutes les images ſçauantes, & qu'il ne diſtingue
l'Embleme, que des portraits, & de la ſimple peinture, qui eſt vrayement touſiours repreſentation,
mais qui ne l'eſt pas ſymbolique. Le reſte de la dé-
finition s'entendra mieux par les differences, que
ie montreray entre l'Embleme, & toutes les repreſentations ſymboliques dans le chapitre ſuiuant.

Pour la diſionctiue, que ie mets entre la ſentence
de l'Embleme & les vers, i'ay voulu ſuiure les ſentimens de ceux qui ont fait des Emblemes ſans aucune ſentence, & qui les ont ſeulement accompagné de quelques vers. meſme le tableau de Cebes,
& les Images de Philoſtrate n'auoient ny l'vn ny
l'autre non plus que quelques autres tableaux Emblematiques, dont Lucian à conſerué les deſſeins
dans ſes Dialogues. Zuerius a expliqué les ſiens par
des diſcours en Proſe, & il y en a d'autres, qui ont
de ſimples ſentences ſans aucuns vers, comme le
diray plus amplement en ſon lieu.

Ie dis que l'Embleme eſt quelque fois vn enſeignement ſçauant; pource qu'on l'employe ſouuent
pour l'explication des choſes naturelles. Le 97.
d'Alciat repreſente la nature ſous la figure de Pan.
Le 100. les quatre ſaiſons de l'année par quar
oiſeaux. Le 117. les couleurs. Monſieur Gene-
ſion a Riché aux

explique celuy d'Orphée des effets de la Philosophie. Celuy de la naiſſance d'Amour de l'Atome,
& de ſes mouuemens. Et le dernier de ceux qu'il
nous a donnez en ſon recueil, eſt vne inſtruction du
Poeme heroïque.

Le ſçauant Minos à reconnu cette qualité de
l'Embleme en la harangue, qu'il fit à Paris l'an
1576. auant qu'expliquer les Emblemes d'A ciat,
car il dit en termes expres *Philoſophia morum &*
Naturæ *tota in omnibus emblematis occupatur.*

I'aurois pû aiouter à l'enſeignement moral de
l'Embleme, *l'Exemple*, pour faire vne definition,
qui conuint vniuerſellement à toutes ſortes d'Emblemes, pource qu'il s'en fait d'hiſtoriques ſur
les actions illuſtres des perſonnes vertueuſes, &
que l'on a couſtume d'en former l'appareil de leurs
funerailles. Mais ces Emblemes qui ne ſont pas des
inſtructions morales dans l'intention des Autheurs, qui ne veulent que repreſenter ces actions,
Le ſont comme les autres puis qu'ils inſtruiſent
en meſme temps, qu'ils nous apprennent les
vertus des perſonnes pour qui on les a faits; &
c'eſt pour ce ſuiet, que ie les nomme E, blemes
d'Exemple pource que comme les hiſtoires, & les
beaux traits de la vie des Heros nous inſtruiſent &
nous ſeruent de leçons, ces Emblemes nous inſtruiſent auſſi, & il eſt facile de reduire en precepte
general ce que l'Autheur à fait particulier. C'eſt
inſi que les ſçauans liſent l'hiſtoire, & qu'ils font
exions morales & politiques, ſur les euene-
ruliers, & ſur les actions ſingulieres.

qui les belles lettres ſeront
eternel

eternellement obligées du soin ; qu'il à pris de les
rendre Françoises dans ses elegantes traductions,
definit en peu de mots l'Embleme en la Preface du
recueil de ceux qu'il a tirez d'Horace, d'Alciat, Pa-
radin, Philostrate, Ripa, & autres celebres Autheurs.
L'Embleme, dit-il, est vne peinture seruant à instrui-
re, & qui sous vne figure ou sous plusieurs comprend
des aduis vtiles à toute sorte de personnes. Cette definition ne dit rien de la sentence, ny des vers.

CHAPITRE III.

De la difference des Embleines, & des autres Images sçauantes.

IL est important de bien connoitre la difference
de ces peintures ingénieuses pour ne les point
confondre dans la pratique comme il arriue assez
souuent faute de bien penetrer le caractere de chacune, & ses regles particulieres.

Le Hieroglyphe ne conuient qu'aux choses sacrées comme son nom le demonstre, au lieu, que
l'Emblene conuient aux choses morales c'est à dire,
qu'il sera representer les vertus, les vices, les passions, & les maximes du gouuernement politique,
& de la conduite Economique. Que si l'on estend
ce nom de hieroglyphe aux symboles, ils ne sont
d'eux mesmes que des signes & des marques de
distinction d'vne chose comme le caducée de Mercure, la foudre de Iupiter, la faux de Saturne, Les
clefs de S. Pierre, le sautoir de S. André, les E quar
de la Sicile à cause de sa fertilité en g ainsi generalement tous les symb   ou   plique aux

B ij

figures, qui composent l'Enigme.

Les Reuers ne sont pas des instructions morales, mais des monumens, qui seruent à l'histoire & à marquer les principales actions des Princes, qui les font mettre en leurs monnoyes. Comme en celles du sacre de sa Maieste on void la representation de la ville de Rheims auec vne colombe qui porte la sainte Ampoule en memoire du miracle, qui arriua au baptesme de Clouis. Il est vray qu'il arriue souuent que ces reuers sont des Emblemes, comme il y en a qui ont de vrayes deuises; mais ce n'est pas vne chose qui leur soit essentielle, & quelle figure que ce soit peut faire reuers comme nous voyons dans les medailles anciennes des Empereurs ou il y a des temples, des colomnes, des animaux, des soldats, des armes, des vases sacrés, & cent autres choses semblables.

L'Enigme est obscure, & l'Embleme doit auoir vn sens facile & aisé à trouuer, au lieu que celuy de ces peintures recherchées est caché & enueloppé sous des figures extraordinaires. Ils ont neantmoins quelque chose de commun, comme l'a fort bien remarqué Minos en sa Preface sur Alciat, *Emblema enigma non est, quamquam interdùm cum ænigmate aliquam similitudinem habeat. ratio enim quædam est apertior in emblemate, propter notas quæ aperte & perspicua sunt. Ænigma verò in verbis ambiguum est & obscurum, vt etiam viros alioqui solertes, & inge-niosos interdùm longa mora teneat.*

Les Rebus sont des figures, qui representent des mots & des sentences entieres comme pour dire *qu'il la Mort*, on met vne teste de mort sur

une

vne fleur de penſée, & des ſoucis, qui ſortent d'vn
cœur pour dire *ſoucis au cœur*. Ces expreſſions ſont
baſſes, & l'occupation de la populace, qui en fait ſouuent les enſeignes des boutiques & des Cabarets,
comme cet hoſtelier qui ayant eſté mal traité par
le Cóſul de ſon village, qui luy auoit promis toute
ſorte de ſecours, prit pour enſeigne de ſon logis vn
Faucon, & fit mettre pour titre *au Faucon ſeul*, comme s'il eut voulu dire *au faux Conſul*. Ainſi on void
que l'Embleme en eſt ſuffiſamment diſtinguée,
quand ie dis qu'elle a vne application ingenieuſe.

Le Blaſon a des couleurs determinées, & n'eſt
que la marque d'vne famille particuliere, au lieu que
l'Embleme ſe repreſente en pierre, en bois, en mé-
tail, & en toute ſorte de matiere ſans auoir beſoin de
couleurs, & qu'il eſt vn enſeignement vniuerſel.

La Deuiſe a plus de rapport auec l'Embleme, que
toutes les autres images ſçauantes ; les diuers ſentimens des Autheurs ſur les regles de la premiere
ſont cauſe, qu'on les a preſque confondus. Car ſi
l'on exclut des deuiſes celles, qui ont la figure humaine, elle deuiennent Emblemes, & ſi l'on veut,
que la ſentence, qui en fait l'ame ne ſoit pas vn ſens
acheué, mais qu'elle en faſſe ſeulement vn total
auec la figure, comme l'ame & le corps ne font
qu'vn ſeul, compoſé eſtant vnies ; toutes celles qui
ont vne ſentence acheuée ſe trouueront auſſi eſtre
Emblemes, & il faudra reduire ſous cette eſpece
d'Images toutes les deuiſes imparfaites, puis que la
deuiſe eſt le dernier effort de l'Eſprit, & la plus ingenieuſe des peintures ſçauantes.

Le rapport de ces deux ſortes d'Images en que

B

l'on a pris vn foin particulier de les diftinguer, & il n'eft prefque aucun Autheur des deuifes, qui n'ayt monftré les differences de l'vn & de l'autre.

Paul Ioue, que l'on confidere comme le Pere des deuifes, pour ce qu'il eft le premier, qui a pris foin de les recueillir & de reduire en Art ce qui n'auoit eu iufqu'à luy d'autre regle, que la fantaifie deman-de cinq conditions dans la deuife dont trois luy font communes auec l'Embleme & deux feule-ment l'en diftinguent.

Dialogo delle Im-pre,e.

La premiere eft qu'il y ayt vne iufte proportion entre le corps & l'ame; ce que l'Embleme demande auffi bien que la deuife.

La feconde qu'elle ne foit ny fi obfcure qu'il faille vne Sibille pour l'interpreter, ny fi facile, que le vulgaire en penetre d'abord le fens.

L'vn les diftingue de l'Enigme, & l'autre les rend peintures fçauantes.

La troifieme qu'elle foit agreable à voir, ce qui conuient auffi à l'Embleme.

La quatrieme eft que la deuife ne reçoit point la figure humaine : au contraire c'eft cette figure, qui fait la beauté de l'Embleme.

La cinquieme que le mot foit en vne autre lan-gue que celle dont vfe ordinairement celuy, qui porte la deuife. Pour l'Embleme il luy eft indiffe-rent, & on ne fait aucune difficulté de l'expliquer en langue vulgaire, & dans les Colleges ou la lan-gue Latine eft la langue naturelle, toutes les fen-tences des Emblemes font Latines.

Rufcelli aioute quelques autres rapports, & les differences de l'Embleme & de la deuife.

Le

Le premier eſt que l'vn & l'autre peuuent eſtre accompagnez d'vn mot, ou n'en auoir point. Mais la difference eſt que les paroles de l'Embleme ne ſeruent qu'à expliquer la figure au lieu que la ſentence de la deuiſe ne fait qu'vn tout auec les figures, & explique plutot la penſée de l'Autheur, que le corps de la deuiſe.

Le ſecond, qui ſemble eſtre vn ſentiment particulier & different de tous les autres Autheurs, eſt que l'Embleme peut auſſi bien que la deuiſe ſignifier vne penſée, & vne intention particuliere de celuy qui le porte. L'Exemple qu'il apporte fait aſſez voir que quoy que ce ſoit pour exprimer vn ſentiment particulier il ne laiſſe pas en ſoy d'eſtre vniuerſel, c'eſt le 64. d'Alciat de la cheure qui nourrit de ſon lait vn loüueteau, qui la doit apres manger. qui ne void que quoy qu'vne perſonne prenne cet Embleme pour ſe plaindre du mal, qu'on luy à rendu pour le bien qu'elle a fait : Que c'eſt vne leçon generale, & vn enſeignement vniuerſel contre les ingrats. La difference, dit-il, eſt que l'Embleme peut encore ſeruir pour vn enſeignement vniuerſel ce que ne peut pas la deuiſe. Il ſemble qu'on ayt maintenant confondu l'vn & l'autre, car nous voyons des deuiſes morales, qui ſont des inſtructions ; & des Emblemes Heroïques, qui expliquent les actions genereuſes des grands hommes.

Le troiſieme eſt que l'Embleme reçoit pluſieurs figures, & que la deuiſe n'en reçoit ordinairement qu'vne.

L'Abbé D. Emanuel Teſoro s'eſt contei.....

B iij.

dire que l'Embleme eſtoit vn enſeignement moral,
ou doctrinal, par le moyen des figures hieroglyphi-
ques, Iconologiques, fabuleuſes & ſçauantes ; &
qu'il eſt beaucoup plus libre que les deuiſes.
Emblema è metafora ad ornamento di fregi, delle
ſale, ò de vaſi, ſignificante alcun documento morale è
inſegnamento dottrinale, per mezzo di Gieroglifici,
ò di figure iconologiche, ò fabuloſe, ò di altre ingenioſe
& erudite rappreſentationi aſſai piu libere, che le
impreſe : aiutate da vn motto chiaro, ò da piu verſi,
quando l'eruditioni ſiano al quanto difficili a medio-
tri ingegni, nel canocchiale Ariſtotelico.p.777. mais
les trente vne conditions, qu'il demande pour la
parfaite deuiſe nous montrent pluſieurs differences
entre ces deux peintures ſçauantes.

La premiere eſt que la deuiſe eſt vne Metaphore
parce qu'elle ſignifie vne choſe par le moyen d'vne
autre, qui eſt la definition qu'Ariſtote luy donne en
ſa Poëtique ch.11. *Tranſlatio eſt nominis alieni illa-*
tio. L'Embleme l'eſt auſſi comme ce ſçauant Autheur l'à remarqué ; car en effet ie dirois en termes
propres, que ſa Maieſté à fait ſucceder la Paix à la
guerre, mais lors que ie repreſente vn Hercule, qui
apres la defaite des monſtres change ſa maſſe en
olinier c'eſt dire metaphoriquement la meſme choſe, & comparer ſa Maieſté à Hercule, qui eſt faire
vn Embleme.

La ſeconde eſt que cette Metaphore ſoit vne
Metaphore de proportion c'eſt à dire qu'elle ſoit
fondée ſur la reſſemblance de deux choſes diuerſes
or que ſont les trauaux d'Hercule, & les guerres
ſa Maieſté, entre L'arc-en-ciel qui fait la ſereni-
		té

μεταφορὰ
δ'ἐςὶν ὀνό-
ματ☉
ἀλλοτρίε
ἐπιφορὰ.

té en coulant en pluye, & entre la Reine mere, qui
à obtenu la Paix par ses larmes. Ces deux exemples
font voir que cette condition est commune aux
Emblemes, & aux deuises, & qu'elle les distingue
des hieroglyphes & des symboles, qui sont fondez
sur la Metaphore d'Attribution. Comme quand on
peint vn caducée pour Mercure, vn foudre pour
Iupiter, des clefs pour S. Pierre, vne espée pour S.
Paul à qui on attribue ces choses, comme leurs symboles propres, sans faire aucun parallelle entre leurs
qualités & celles de la personne.

La troisieme demande que cette illation de la Metaphore, soit vne illation d'argument, semblable au
Syllogisme, où à l'Enthymeme, comme si le disois le
Roy à fait la Paix apres la guerre, donc il est semblable à Hercule, qui apres ses trauaux changea sa
masse en vn oliuier, ou bien comme l'Arc-en-ciel
en tombant en pluye rend la serenité, ainsi nostre
pieuse Reyne à obtenu la Paix par ses larmes.

La quatrieme c'est qu'il faut que cet argument
soit Poëtique. Il fait de la difference entre l'argument de l'Orateur & du Poëte, en ce que l'Orateur
se sert ordinairement de la similitude, en liant les
deux semblables par la particule (comme.) & dit
Loüis est hardy comme vn Lion, genereux comme
Hercule, &c. le Poëte au contraire se sert de la Metaphore & dit Loüis est vn Lion, donc il est hardy,
Loüis est vn Hercule donc il est genereux. Ce sont
les sentimens d'Aristote, qui dit en sa Rhetorique
l. 3. ch. 4. *Est verò etiam imago translatio; differt enim*
parùm: nam cùm inquit de Achille, vtque Leo Ru:
Imago est, cum antem Leo Ruit: translatio, etc.

B iiiij

quia ambo fortes funt, appellauit transferendo, Leo-
nem Achillem. vtilis verò etiam imago eft in oratio-
ne : fed rarò cum Poëtica fit. elicienda autem funt
vt tranflationes.

Cette condition n'eft pas neceffaire à l'Embleme,
qui bien fouuent exprime la fimilitude, comme fur
le feu on peut mettre *vt cum igne fic cum principe,*
pour enfeigner qu'il ne s'en faut ny trop appro-
cher ny trop reculer, au contraire pour en faire vne
deuife on y aioute pour mot *nec propè, nec procul.*
Et l'on condamne vniuerfellement celle du Marquis de Riuoli d'vn Palmier expofé au Soleil auec
ce mot *haud aliter.* Pource qu'il exprime fa penfée
par fimilitude, & non pas par Metaphore.

La cinquieme eft qu'il faut qu'elle foit compo-
fée d'vn corps & d'vne ame, c'eft à dire de figures
& de mots, & certes, quoy qu'en ayt dit au contraire Rufcelli. Les fimples figures des chofes naturelles, hiftoriques, fabuleufes, ou artificielles, ne font
iamais Embleme ny deuife, fi ce n'eft lors qu'on les
explique, & cette explication leur tient lieu d'ame
& de mot, autrement ce font des reprefentations
fimples d'vne chofe. Les feules figures Allegoriques
peuuent eftre Embleme fans mots, comme quand
on reprefente la Fortune fur vne boule ou fur vne
roüe, pour apprendre qu'elle eft inconftante.

La fixieme eft que le corps de la deuife doit eftre
vray & reël. L'Embleme au contraire reçoit les
corps Chimeriques, comme la chimere, vn Cerf
aiflé, & les figures Ideelles des vertus des vices, &c.

La feptieme eft que le corps foit beau à voir,
l'Embleme ne demande pas abfolument cette condition,

dition, à caufe, qu'il s'en fait contre les vices, que l'on repréfente, par des monftres, ou par des animaux fales.

La huitieme eft que les corps naturels fe preferent aux artificiels, au contraire dans l'Embleme les figures Ideelles & Poétiques font les plus ingenieufes.

La neufuieme eft que la deuife exclud le corps humain, que l'Embleme reçoit.

La dixieme eft que le corps tienne du merueilleux, & que l'application n'en foit pas triuiale mais ingenieufe, ce que le parfait Embleme demande auffi.

L'onzieme eft qu'il faut que les figures foyent connoiffables, cela eft abfolument neceffaire en la deuife, l'Embleme s'en peut difpenfer à caufe que le titre & les vers peuuent expliquer les figures.

La douzieme demande pour la perfect'on de la deuife que la chofe foit en action, fi elle eft capable de la receuoir, comme vn Aigle volant, vn Lion furieux. On peut dire le mefme à proportion de l'Embleme.

La treizieme eft que la propr'eté de la chofe, qui fert de fondement à la deuife foit finguliere, & non commune comme la hauteur eft commune à vne montaigne, à vn arbre, à vn baftiment, au contraire renaiftre entre les flames eft particulier au Phenix, on ne l'obferue pas fi rigoureufement pour l'Embleme, qui eftant vn enfeignement vniuerfel fe fait fouuent mieux auec vne propriété commune qu'auec vne trop recherchée.

La quatorzieme eft que le corps foit facile à repréfenter

prefenter c'est à dire qu'il ne luy faille pas neceffairement des couleurs pour le distinguer, ce qui
conuient auffi au plus bel Embleme.

La quinzieme de la proportion du corps auec le
lieu ou l'on le represente depend plus de l'addreffe
des artifans, que de l'inuenteur de ces pieces.

La feizieme demande l'vnité des figures. L'Embleme ne l'exige pas, & l'on met fans fcrupule vn
bœuf à la charruë, vn afne battu, & vu oifeau pris
au lacet, qui s'embarraffe plus, quand il fe veut de-
peftrer, pour dire qu'il faut fouffrir patiemment, ce
qu'on ne fçauroit euiter.

La dixfeptieme eft que le corps de la deuife ne
demande pas d'autres ornemens de ciel, de payfa-
ges, &c. au contraire l'Embleme en eft plus agreable pourueu que ces ornemens n'empefchent point
de connoitre la figure principale.

La dixhuitieme eft que la deuife explique vn fentiment particulier, au contraire l'Embleme eft vn
enfeignement vniuerfel.

La dixneufvieme eft que ce fentiment doit eftre
heroïque, au contraire celuy de l'Embleme eft moral, ou doctrinal.

La vingtieme eft que ce fentiment foit vnique:
l'Embleme en reçoit plufieurs, & toute vne morale
comme le tableau de Cebes.

La vingt-vnieme exige neceffairement le mot
dans la parfaite deuife. I'ay dit en la 5. condition,
quels Emblemes s'en peuuent paffer.

La vingt-deuxieme eft que ce mot foit court, &
fubtil, l'Embleme eft plus ingenieux, quand cette
condition y eft obferuée, mais il y en a plufieurs

dont

dont le mot est long, & simple.

La vingt-troisieme asseure que les mots Equiuo-ques sont les plus ingenieux dans la deuise. L'Em-bleme les peut receuoir mais il ne les affecte pas.

La vingt-quatrieme est que ce mot soit pris d'vn Autheur celebre, l'Embleme en sera aussi plus sçauant, si on le fait.

La vingt-cinquieme demande l'opposition & l'an-tithese des mots, l'Embleme ne la reiette pas.

La vingt-sixieme veut que ce mot soit Latin, On en void plusieurs en Italien & en Espagnol. L'Em-bleme l'à pourtant ordinairement Latin, & mesme en langue vulgaire.

La vingt-septieme exige que le sens de la deuise soit vn peu caché, & soit vn peu Enimagtique à la populace, l'Embleme le doit estre aussi.

La vingt-huitieme demande quelque chose, qui approprie en particulier la deuise à la personne qui la porte au contraire l'Embleme se doit appliquer à tous.

La vingt-neufvieme est que la deuise soit inge-nieuse, l'Embleme le doit estre aussi.

La trentieme est que la fin de la deuise soit de loüer, ou de blasmer, de deliberer, ou d'accuser ou de condamner, qui sont les trois genres auxquels l'Eloquence s'estend. L'Embleme le doit faire aussi, mais outre cela il peut expliquer les proprietez des choses naturelles, comme le feu, le sommeil, &c.

La derniere est commune à tous les Arts, qui est d'auoir egard à la bien seance, & au *decorum* d'A-ristote, de Ciceron, & de tous les maistres.

Ce parallelle de la deuise & de l'embleme, qi,

i

i'ay fait fur les regles de la deuife, que demande
cet illuftre Autheur pour la rendre plus parfaite,
peut feruir d'vne Idée acheuée pour la connoiffance
de l'vn & de l'autre, neantmoins pour acheuer le
deffein, que ie me fuis propofé. Ie veux examiner en
particulier les efpeces des Emblemes, les parties qui
les compofent, & l'vfage qu'on en peut faire.

CHAPITRE IV.

De la diuifion des Emb'emes ou de leurs efpeces differentes.

LEs Emblemes peuuent eftre de differente
efpece en deux manieres, ou à les confiderer
felon les figures, qui en font les corps, ou à les prendre felon la diuerfité des enfeignemens qu'ils four-
niffent.

Si nous les confiderons felon les figures. Il y a des
Emblemes *naturels, artificiels, hiftoriques, fabuleux,
chimeriques, fymboliques, & Allegoriques.*

I'entens par les Emblemes naturels, tous ceux qui
fe forment des chofes ordinaires que nous voyons
dans la nature : comme font les Aftres, les Plantes,
les Animaux, &c. Ils ont plus de rapport aux deuifes, que tous les autres, pource qu'ils font eftablis
comme elles fur les proprietez naturelles des chofes, & ils ne font differens, qu'en la façon d'enfeigner.

Le 19. d'Alciat d'vne chouette auec ce mot *prudēs
magis quā loquax.* Le 21. d'vn homme, qui prend
fu 1. Anguille, auec vne fueille de Figuier. Le 30.

des Cigongnes, qui portent leurs peres, quand ils
font vieux auec ce mot *gratiam referendam.* Le 34.
du bœuf, qui laboure auec la fentence d'Epictete
ἀνέχȣ ϰ ἀπέχȣ. Le 35. du Cheual, qui abbat celuy, qui le monte. Le 36. du Palmier dont on tire la
branche. Le 38. des Corneilles, & plufieurs autres
font Emblemes naturels, c'eft à dire dont les figures
font tirées des chofes naturelles.

Les Artificiels font femblables aux naturels ex-
cepté feulement, que les figures de ceux-cy font prifes des inftrumens, & des inuentions des Arts.
Comme font le 43. d'Alciat d'vn vaiffeau battu de
la tempefte. Le 164. du pot de terre & du pot
d'airain. Le 170. des deux tambours, & le 10. d'vn
Luth.

Les Hiftoriques font ceux, dont les figures font
tirées de l'hiftoire, comme le 29. d'Alciat eft le
chariot de Marc-Antoine tiré par des Lions auec
cet enfeignement, *etiam ferociffimos domari,* cette
hiftoire eft tirée de Pline l. 8. ch. 16.

Le 119. de Brutus, qui fe tuë. Le 134. de Thrafy-
bulus couronné, & le 151. de Democrite, & d'Hera-
clite. Le 8. de Schoonouius, de Sardanapale filant
entre les femmes auec cet enfeignement, *miferrima*
feruitus, feruire voluptati. Ceux qui reprefentent les
couftumes des peuples dans leurs funerailles, dans
leurs alliances, dans leurs ceremonies, appartiennent
auffi à l'hiftoire. Comme le 39. d'Alciat, des mains
iointes en figne de Paix. Le feptiem. l'Afne, qui
porte la ftatuë d'Ifis, auec vne foule de peuple
fterné à genoux, & ce mot *non tibi fe*
pour apprendre, qu'on doit refpecte le ignement. l.

caufe de leur charactere quelque ignorans,& quelque vitieux qu'ils foient, comme les Egyptiens fe
mettoient à genoux deuant l'Afne, qui portoit
leur Deeffe rendant ce refpet à fon Image, & non
pas à l'Animal qui la portoit.

Les Fabuleux ne different des hiftoriques, qu'en
ce que ceux-cy font tirez de l'hiftoire veritable &
ceux-là de la fabuleufe ou de l'ancienne Theologie
des Payens. la plufpart de ceux d'Alciat en font tirez. Comme le 14.de Bellerophon, le 18. de Ianus,
le 22. de Pallas, le 23. de Minerue auec Bacchus,
le 40. de Gerion pour la concorde; le 52.d'Acteon;
le 56.de Phaëton, &c.

Les Chimeriques font, ceux qui font pris des
Apologues, & en ce fens il n'eft aucune fable d'E-
fope,qui eftant figurée ne foit vn Embleme,à caufe
qu'elles font toutes accompagnées d'vn enfeignement moral.

Les Symboliques font ceux, qui tiennent de la
nature du hieroglyphe, comme le 118.d'Alciat, ou
le caducée eft ioint à deux cornes d'Abondance,pour
dire que la Fortune accompagne la Vertu. Le 177.
des Abeilles,qui font leur miel dans vn cafque,qui
leur fert de ruche,& ce mot *ex bello pax*. Et le 143.
du Dauphin entortillé à vn anchre auec cette fentence.*Princeps fubditorum incolumitatem procurans*.
Les ftatuës antiques font de ce nombre comme
celle de Bacchus qui tient d'vne main des Pauots
& de l'autre vne ferule, qui fait l'onzieme Em-
de Schonouius, eft expliquée en ces quatre

am Bacchus manibus gerit,atque papauer?
Dic

Dic mihi cur veteres hac voluere Patres?
Scilicet vt vino plenus det corpora somno,
Postridie pœnas se meruisse sciat.

Le 120.d'Alciat est aussi symbolique,pource qu'il
tient de l'Enigme. C'est vn ieune homme qui a des
aîlles en vne main pour voler, & qui est arresté de
l'autre par vne grosse pierre, qui luy est attachée.
La sentence est *que la pauureté empesche souuent*
l'execution des bons desseins.

Les Allegoriques,sont ceux dont les figures sont
de l'inuention de l'Autheur, qui represente les
estres abstraits sous des figures humaines en leur
donnant des symboles,qui les font connoître,com-
me sont toutes les Images des vertus,des vices,des
passions, des qualitez, &c. Cesar Ripa en a fait vn
volume entier sous le nom d'Iconologie,qui à esté
traduit par Monsieur Baudoin. Outre cela ces Emblemes allegoriques sont des sentences ou des prouerbes representés en figures. Comme pour repré-
senter, que l'amour de la vertu surmonte l'amour
dereglé.Alciat à peint au cent & dixieme Embléme
l'Amour vertueux qui desarme l'amour impudique,
& qui iette dans le feu l'arc,& les flechès qu'il luy
a ostez,& celuy du Prouerbe *lauare Æthiopem,*represente vne chose impossible par vn More qu'on
laue, & qu'on ne sçauroit blanchir. Tous les symboles de Pythagore se rapportent à ce chef,comme
Ignem gladio ne fodito, representé par vn homme,
qui remuë le feu auec vne espée. *Chœnici ne insi*
*deto,*ou vn homme assis sur vn boisseau representé
vn paresseux.

A prendre les Emblemes selon l'enseignement.

C

qui eſt leur formel. Il en eſt de Sacrez, de Moraux, de Politiques, d'Heroïques, de Doctrinaux, & de Satyriques.

Les Sacrez ſont ceux, qui ſous des figures empruntées, ou ſymboliques contiennent les maximes de la religion, & les myſteres. Comme ſont toutes les figures des Propheties, & de l'Apocalypſe ; les hiſtoires du vieil Teſtament, qui ſont les figures du Nouueau, & les ceremonies de l'ancienne Loy, quand on les fait ſeruir à l'inſtruction des maximes Chreſtiennes. L'Ecriture ſainte eſt l'original de ces Emblemes, & quelque ingenieuſe que ſemble la Philoſophie Payenne, elle n'a iamais eu des ſymboles ſi auguſtes, que ceux des ſaintes Lettres. La Theogonie & les Metamorphoſes n'approchent pas des viſions d'Ezechiel & de S. Iean, & ſi Platon à merité le nom de diuin à cauſe de ſes inuentions pour expliquer les myſteres de l'Idolatrie, c'eſt de Moyſe qu'il les a tirées, comme la deſcription du deluge dont Ouide à fait le premier liure de ſes Metamorphoſes eſt vne copie de la Geneſe.

Ie mets entre les Emblemes ſacrez, ceux qui ſont ioints aux Poëſies du P. Herman Hugon ſous le nom de *pia deſideria*, & les 17. Emblemés du cœur conſacré à IESVS-CHRIST : au premier on void vn cœur, à qu' le monde, le diable & la chair tendent des fillets, pendant que deux Anges taſchent de l'enleuer : au ſecond IESVS-CHRIST veſtu en petit amour tire des traits contre ce cœur apres auoir briſé l'Arc & les fleches de Cupidon ; au troiſieme frappe à la porte de ce cœur, qui luy eſt fermée ; n quatrieme il y entre le flambeau à la main pour

en

en voir tous les reduits : au cinquieme il en chaſſe
des ſerpents & des monſtres, au ſixieme il y fait
couler des fontaines de toutes ſes bleſſures, au ſeptieme il le purifie, au huitieme il y prend la couronne & le ſceptre, & en faiſant ſon Trône, il s'y
fait adorer par toutes les puiſſances de l'Ame : au
neufvieme il en fait ſon academie, & il y paroit en
Docteur auec vn liure en main, au dixieme il tient
les pinceaux & la pallette en main, & repreſente
ſur ce cœur tous les myſteres de la diuinité, à l'onzieme il y porte tous les inſtrumens de ſa paſſion,
au douzieme il entoure d'vne guirlande de roſes,
& le remplit de fleurs, au trezieme il chante en muſique & fait ſon temple de ce cœur ou les Anges
chantent auec luy, au quatorzieme il y ioüe d'vn
inſtrument de Muſique, au quinzieme il y repoſe
doucement tandis que les vents ſoufflent en vain
contre ce cœur, que les flots s'eſleuent, & que la
foudre le menace. Au ſeizieme il enflamme tout ce
cœur, & au dernier il le couronne tandis que des
Anges l'entourent de Palmes. Tous ces Emblemes
repreſentent agreablement le progrez de la vie My-
ſtique. Le premier eſt l'Image des tentations, le
ſecond des remors de la conſcience, que Dieu nous
donne, le troiſieme des inſpirations, le quatrieme des
reflexions que nous faiſons ſur nous meſmes, le cinquieme de la confeſſion, le ſixieme les canaux des
Sacremens ou nous reçeuons la grace, le ſeptieme
la purification du cœur, voila la vie que nous ap-
pellons purgatiue. Le huitieme repreſente la poſſeſ-
ſion, que IESVS-CHRIST prend de noſtre cœur,
le neufvieme, le dixieme, & l'onzieme repreſentent

G iij

les enfeignemens qu'ils nous donne,& la memoire de fa mort,le douzieme les confolations meflées de quelques amertumes dont la rofe eſt le fymbole. Ce font la les progrez de la vie illuminatiue. Le treizieme & le quatorzieme montrent le parfait ac-cord de noftre volonté auec celle de Dieu.Le quin-zieme fait voir la tranquillité d'vne ame qui eſt à Dieu au milieu des attaques les plus fortes des ten-tations, le feizieme les ardeurs , qui la confument; & le dernier la recompenfe de fes trauaux,qui font les fruits de la vie vnitiue.

Les Moraux font les plus vniuerfels,pource que c'eſt principalement pour l'inftruction des bonnes mœurs,que ces peintures ont eſté inuentées. Mon-fieur de Gomberuille en a fait vn volume entier fous le nom de peinture des mœurs,& prefque tous ceux d'Alciat tendent à cette fin.

Les Politiques font ceux qui expliquent les ma-ximes du gouuernemét,& de la conduite des eſtats. Comme font plufieurs de ceux, que Monfieur Bau-doin à recueillis en deux volumes,& expliquez par d'elegans difcours , particulierement le cinquieme des entreprifes militaires : le fixieme, que de la va-leur precipitée s'enfuit vne fin lamentable : le fe-ptieme que l'argent eſt le nerf de la guerre : le hui-tieme que les flatteurs font contagieux aux Prin-ces.le dixhuitieme du confeil des Princes, le trente-cinquieme de la vraye ecole des ieunes Princes, le foixante-vnieme du deuoir des Magiſtrats , le foi-xante-feptieme de l'eftabliffement des eſtats & des colonies, ceux-là font du fecond volume. Au pre-nier : le quatrieme , qu'il ne faut point publier le

fecret

secret des Princes, le cinquante-sixieme, qu'vn estat se maintient par les armes & par le conseil, le soixante-deuzieme, que la clemence fait estimer & cherir vn Prince.

Les Heroïques sont ceux, qui nous representent les actions des grands hommes. Ie n'en sçaurois donner de plus beaux exemples, que ceux, que Monsieur Perrin à faits pour Monsieur le Cardinal Mazarin sur les principaux euenemens de sa vie. Les figures sont toutes prises de la fable d'Hercule, & expliquées par des Sonnets qu'il à mis en teste de la premiere partie de sa Traduction de Virgile.

L'vn de ces Emblemes nous represente Hercule, en l'estat que l'antiquité l'à tousiours representé auec cette deuise *Exterè sed Cælitùs* pour dire que comme ce Heros estoit estranger, mais diuinement enuoyé dans les païs, qu'il deliura des monstres. Son Eminence, qui est d'origine Romaine semble auoir esté donnée du Ciel à la France pour sa conduite. Ce tableau est expliqué par ce Sonnet.

SONNET.

Hercule d'ailleurs nous arriue
Ainsi l'Ambre, la Perle, & l'Or.
Et nostre plus riche tresor
Nous vient d'vne estrangere riue.

Ainsi le Tybre nous enfante
L'Ame & le chef de nos guerriers,
Ainsi l'Autheur de nos Lauriers,
Vient de Rome la Triomphante.

Ainſi l'arbitre de la Paix
Naiſt où l'oliuier plus eſpais
Repand ſon ombre ſur la terre.

Ainſi le demon glorieux,
Qui nous garentit du tonnerre,
A tiré ſon eſtre des cieux.

Vn autre nous repreſente Hercule, qui ſe charge du monde pour ſoulager Atlas, & la deuiſe nous apprend, que ſon Eminence à ſuccedé au Cardinal de Richelieu comme vn geant à vn autre geant, pour la conduite du Royaume.

GIGAS GIGANTI.

Le Sonnet dont l'Autheur la accompagné eſt la plus belle interpretation, qu'on luy puiſſe donner.

SONNET.

Plus ferme de cœur & de bras,
Que celuy dont l'Eſchine large
Du Ciel preſt à tomber à bas,
Souleue la peſante charge.

Hercule ne t'ebranle pas,
Pourſuy ta glorieuſe charge,
Marche touſiours d'vn meſme pas
Encor que la maſſe te charge.

Marche d'vn front audacieux,
Et porte iuſques dans les cieux
Le faix de l'empire des Gaules,

Dont

Dont vn miraculeux Atlas,
Defia mourant & demy las
S'eft dechargé fur tes épaules.

On peut voir les autres dans leur original, qui eft
entre les mains de tous les curieux, & de tous ceux;
qui fe plaifent à noftre Poëfie.

Les tableaux de la Ieuneffe d'Alexandre peints
en Frefque dans la fale de l'hoftel de Ville, font des
Emblemes de ce genre, & les Images de la glorieufe
ieuneffe de noftre Monarque; comme les peintures
du plafond reprefentent fous les Images fabuleufes
des douze fignes, & des quatre Elemens l'inftruction des Magiftrats, & les maximes du gouverne-
ment Politique. Ces belles peintures ne font expliquées que par vne infcription generale conceüe en
ces termes:

Fingendo Ludouico Heroum Maximo
  Diu tota infudauit natura:
  Eumdem hic vt exprimat
  vires exerit iterùm tota.
Magna mentis lumina adumbrant
  Elementa, cœlum & Sidera:
Vno in vultu refert auos omnes fibi cognomines;
  Et Alexandro maior dùm adhuc minor eft,
Adolefcentiam exhibet futuram fenibus
    In exemplum.

Le pinceau fçauant & hardy de Monfieur Blan-
chet, demande vne plume plus delicate que la mien-
ne pour en faire la defcription. Ie me contente d'expliquer icy les tableaux de la vie d'Alexandre qui
font des Emblemes Heroïques du Roy.

Le premier reprefente les couches d'Olympias, la

naiſſance d'Alexandre,& le prodige des Aigles,qui parurent ſur ſon berceau & ſur le lit de ſa mere pour preſage de ſa grandeur. Ces Aigles ſont les Aigles captiues du Rhin, qui firent hommage au berceau de ſa Maieſté, ayant eſté ſoumiſes par les armes victorieuſes de ſon Pere. Diane, qui reçoit Alexandre, nous repreſente la vertu, qui à pris le ſoin de l'education de ce Prince,qui n'eſt pas moins l'exemple que la merueille de ſa Cour.

Au ſecond tableau Alexandre donne de l'encens aux Dieux auec vne profuſion, qui eſtonne ceux, qui en ſont les temoins, mais ſa pieté n'eſt que la figure de celle de noſtre Monarque, dont la deuotion & la modeſtie rauiſſent egalement le Ciel & la terre.

Au troiſieme Alexandre pleure ſur les trophées de ſon Pere, & ces larmes genereuſes nous repreſentent les empreſſemens de ſa Maieſté à faire des actions auſſi glorieuſes,que celles de Loüis XIII.de triomphante memoire,auſſi l'a-t-on vû marcher en teſte de ſes troupes en vn temps ou les autres Princes s'inſtruiſent encore aux premiers exercices dans les academies.

Au quatrieme Alexandre dompte Bucephale,qui repreſente la rebellion domptée par noſtre ieune Monarque.

Au cinqnieme il coupe le nœud Gordien , & ce nœud fatal coupé, repreſente l'heureuſe concluſion de la Paix,que ſa Maieſté à faite à main armée, en tranchant tous ſes obſtacles.

Les Emblemes Doctrinaux ſont ceux dont on ſe ſert pour expliquer les principes d'vn Art ou d'vne Science.

Science. Comme ſi l'on repreſentoit l'Eloquence parée par des Dames dont l'vne peſcheroit des Perles & du Corail, qu'elle donneroit à vne autre pour les polir, & celle-la à vne troiſieme, qui les aianceroit ſur l'Eloquence tandis qu'vne autre luy preſenteroit dans vne caſſette des Pierreries, & des Bijoux de toutes ſortes. Ces Dames repreſenteroiét les parties de l'Eloquence. La premiere ſeroit l'Inuention, qui trouue les preuues du diſcours, & qui les tire des lieux de Rhetorique, la ſeconde ſeroit l'Elocution qui polit le langage, & qui luy donne diuerſes formes par le moyen des figures, la troiſiemè ſeroit la Diſpoſition, qui range chaque choſe en ſon lieu, & la quatrieme la Memoire, qui eſt la depoſitaire des biens que nous auons acquis par la lecture.

Ainſi Bochius en ſon ſoixante-deuxieme Embleme repreſente la Dialectique portant en vne main vn Compas, vne Equierre, vn Niueau, & vn Flambeau, il met vn crible à ſes pieds, & vn ſerpent entortillé à ſon bras gauche, pour montrer qu'elle definit, qu'elle diſcerne le vray du faux, qu'elle diſtingue les eſpeces, & qu'elle diuiſe les parties d'vn tout.

L'Embleme de la fable de Cadmus repreſente l'Imprimerie, dont vn Poëte du ſiecle paſſé à fait excellemment l'explication.

Bocchius pour repreſenter la generation & la corruption de toutes choſes, à peint en ſon 28. Embleme Venus, qui naiſt de la mer & qui enflamme de ſon flambeau le Ciel, la terre, & la mer. Toutes les fables antiques ſont de cette nature, & les anciens n'ont voulu repreſenter par les Images d'Apollon,

de Bacchus, de Minerue, & de Mercure que les effets du Soleil, du Vin, des Sciences, & de l'Eloquence. Mais ces Emblemes tiennent plus du symbole,
& de l'Enigme, que de l'Embleme, sinon qu'estant
expliquez par des vers, on vueille que cette explication les distingue du symbole, & de l'Enigme, qui
sont obscurs, & recherchez.

Il y a vn Nicolas Flamel, qui a fait dresser vne ar-
che au cimetiere des Innocens à Paris, dont il pre-
tend, que les figures expliquent tous les secrets de
l'art occulte, & de la translation Metallique, dont
aussi il dit auoir trouué les mysteres dans vn vieil
liure d'Ecorces deliées, dõt toutes les fueilles estoiét
grauées de figures differentes, qui n'estoient que les
symboles du Magistere, dont il tira quelque connoissance par le moyen d'vn Medecin Iuif qu'il
trouua dans Leon au retour du pelerinage qu'il fit
à S. Iaques. Ces figures sont trop abstruses pour
passer pour Emblemes, & elles sont de la nature de
celles des Egyptiens, qui donnent beaucoup de
peine aux sçauans, qui prennent soin de les interpreter.

Les Emblemes Academiques sont differens des
Doctrinaux en ce que ceux-là signifient des Arts
particuliers ou des Sciences ; comme le troisieme
de Bochius. *Pictura grauium ostenduntur pondera
rerum*, & ceux-cy, ne sont que des inuitations à
l'estude, ou des auis pour y profiter. Comme le 43.
de Bochius. *Curâ & labore perfici Eloquentiam.*
Le 50. *Ex disputatione veritas patet*, representé par
vn fusil que l'on bat dont les estincelles seruent a
allumer plusieurs lampes. Le 61. du berger Aristée,

qui

qui tient Protée enchaifné, & qui l'oblige de luy decouurir la verité. Ce tableau eft ingenieux pour exprimer la penfée de l'Autheur, qui eft, *opinionibus*
fopitis firmiter tenēda capta veritas. Car ce Dieu, qui
changeoit de formes differentes eft lié fous fa forme naturelle tandis que toutes les autres qu'il prenoit font endormies pres de luy.

L'Amour, qui eft la plus belle & la plus ingenieufe des paffions, eft auffi ordinairement la plus
heureufe à inuenter les Emblemes; elle fe fert fouuent de l'artifice innocent de la peinture pour decouurir fes fentimens, & les Emblemes luy font des
lettres de confidence, que l'efprit feul à droit d'ouurir. Les Tournois, les Mafcarades, les Ballets, & les
prefents font les occafions où ces fentimens fe decouurent. En voicy quelques vns.

Vn Gentilhomme voulant temoigner fa paffion,
& les rebuts qu'il fouffroit fans defifter de fes pour-
fuites, prit pour Embleme vn diable auec ces mots
Efpagnols.

Mas penado, menos arrepentido.
Ie fouffre plus & ie fuis moins repentant.
Vn autre prit vn More, qui adoroit le Soleil, dont
les rayons le bruloient.

Adoro quien me quema.
I'adore qui me brule.
Vn autre fit peindre vn cordier, en la pofture qui
leur eft ordinaire quand ils filent leurs cordes, auec
ces mots,

Arredrando mas crece.
Car comme plus il recule plus fa corde croift, il
vouloit auffi dire que fon depart augmétoit fa paffió.

Les

Les Emblemes Satyriques font les peintures in-
iurieufes, qui fe fe font pour piquer quelqu'vn,
comme celle de Michel Ange, qui peignit vn Cardinal entre les damnez, & qui dóna occafió au Pape
de faire vne refponfe agreable à la plainte que luy
en fit ce Cardinal. *Monfeigneur,* luy dit-il, *ie puis
quelque chofe dans le Ciel & fur la terre, & mefme
dans le Purgatoire, mais dans l'enfer ie ne puis rien.*

Vn autre peintre eftant forty de fon Attelier, Michel Ange pour fe moquer de luy, y entra & ecri-
uit auec vn pinceau fous chaque figure de fes tableaux le nom des chofes qu'elles reprefentoient, le
peintre eftant de retour, & voyant la piece que luy
auoit fait Michel Ange, ne fit qu'aiouter à fon tableau vn finge dont le groin reprefentoit tous les
traits de Michel Ange, & l'ayant habillé des mefmes couleurs, luy mit des pinceaux en vne patte,
& en l'autre vne pallette, & luy fit barboüiller fous
les figures, fans oublier d'ecrire fous celle-cy le nom
de Michel Ange à qui il fit apres prefent de fon
tableau.

La plùpart des ieux peuuent paffer pour Emblemes comme le ieu des Efchécs qui fournit de
beaux enfeignemens Politiques & Moraux.

Loredan a fait les moralitez du ieu de Cartes
dans les bizarreries academiques, & montre qu'il
peut feruir d'inftruction aux ioüeurs, aux foldats,
aux religieux, aux Politiques, aux Princes, & generalement à tous les hommes. Les ieux de l'inuention
de Monfieur des Marets & du fieur de Brianuille,
font vrayement des ieux, qui inftruifent, mais ils
inftruifent ouuertement & fans Allegorie.

Les

Les derniers troubles arriuez au Royaume de
l'Eloquence , la Iansenie, & quelques autres pieces
semblables tiennent de la nature des Emblemes
aussi bien que *la carte de tendre , le chemin du cœur,*
& semblables figures dont on enrichit les inuentions des Romans. Les Poëmes Epiques sont encore
de ce genre; du moins le Tasse, & Monsieur de Scudery ont fait les allegories des leurs, & le P. Galluce
a fait celle de l'Eneide en trois excellens discours.
Tzetzès , qui a fait des Commentaires sur la
Theogonie d'Hesiode remarque quatre qualitez du
Poëme Epique , qui luy donnent l'auantage sur le
reste de la Poësie. L'vne c'est la maiesté des vers
Heroïques, la seconde les beautez de l'histoire antique , la troisieme la force de l'expression eltuée, &
la quatrieme l'Allegorie, qui est l'ame du Poëme,
& le caractere de l'esprit du Poëte. En effet peut on
rien trouuer de plus instructif, ou de plus ingenieux
que le Palais de la Fortune du P. le Moine, le *Vulca-
nus Chrysephorus* de Monsieur de Vias , & le *Bulla*
de Monsieur de la Fosse. Le premier nous represéte
agreablement vn Palais fait de boüe & de chaume
sans aucun ordre , pour montrer que la fortune
prend plaisir à eleuer, ce qui merite d'estre sous les
pieds. Le festin qu'elle dresse de crême foüettée, &
de Massepains, qui ne sont faits que pour la montre,
est vn repas digne de la faim des ambitieux; la loterie qu'elle ouure, est toute spirituelle, en fin il n'est
aucune piece de cette Poësie morale , & de cette
peinture parlante; qui ne pût seruir à faire de beaux
tableaux, & des Emblemes acheuez.
　　Le second nous decrit en vne de ses Silues Roya-

les Vulcan, qui ayant esté precipité du Ciel à cause
de sa deformité, & obligé de trauailler à la forge,
trouua en faisant tirer du fer dans les mines, vne
veine d'or dont l'eclat l'ayant ebloüy, il se mit à le
trauailler, & en ayant fait des bijoux pour les Dieux
il fut aussi tot receu dans le Ciel à la faueur de ses
presens. Iupiter voulut qu'il luy en fit vn Foudre,
Minerue vne Lance, Mars vne Espée, l'Amour des
Fleches, &c. Et celuy, qui auparauant auoit esté re-
ietté de la table des Dieux, & refusé pour espoux
de Minerue,

Eclog. 4.　　*Nec Deus hunc mensâ dea nec dignata cubili est.*
fut fauorablement accueilly. Peut ont plus inge-
nieusement faire vn tableau du pouuoir des richesses, & de l'amour, que les hommes ont pour l'or,
puis que les Dieux s'y laissent prendre. Cette fable
est le symbole des charges venales, ou le merite
n'eleue plus, mais les seules richesses.

Le troisieme feint que Venus s'estant vn iour
lauée auec du Sauon, & ayant laissé l'eau dans
vn bassin, il en sortoit des estincelles, & des esprits
de feu, qui brilloient comme des Astres. Vne troupe
d'amours s'approche de ce bassin, l'vn se courbe
pour voir si cet eclat n'est point vn reiaillisse-
ment des Astres lors que Mercure se deguise en petit amour, & prenant vn chalumeau souffle sur ce
Sauon & forme des bouteilles dont la beauté rauit
les Amours, mais ces bouteilles se creuent en l'air
& ne laissent que des gouttes d'eau. Ce Poëme est
plein de belles reflexions, & l'on en feroit facilement vn Embleme, en aioutant à la peinture quelques bouts de vers de cette piece : comme,

Quæ vitam dedit aura rapit.

ou bien,

——— *Naturæ opus admirabile ; mundus*
Exiguus, nimium ah! fragilem sortita figuram
Bulla ubi es?

Ce seroit le tableau de l'inconstance des choses, ou mesme du peu de durée de la beauté.

Il y a quelques tableaux, que l'artifice peut faire passer pour Emblemes comme la Flora d'Archimbo.d, qui estoit vne figure toute faite de fleurs dont les couleurs naturelles estoient si bien menagées qu'elles faisoient vn fort beau portrait : les fleurs dont les couleurs sont plus eloignées de la carnation seruoient à sa coeffure, & à son habit. Le peintre fit present de ce Pottrait à Charles Quint, & les plus celebres Poëtes s'efforcerent d'en decrire les beautez. Mais Comanino & & Gherardini emporterent le prix en ces deux Madrigaux Italiens.

MADRIGALE.

Son' io Flora ò pur fiori?
Se fior, come di Flora
Ho col sembiante il riso ? e s' io son Flora,
Come Flora, e sol fiori.
Ah non fiori son' io, non son io Flora,
Anzi son Flora, e fiori
Fior mille, e vna Flora,
Viui fior, viua Flora,
Perche i fiori fan Flora, e Flora i fiori
Sai come ? i fiori in Flora
Cangiò saggio pittore, Flora in fiori.

MAD

MADRIGALE II.

Ne Cangiò Flora in fiori,
Ne i fiori Cangiò in Flora,
Il pittor saggio, ma dipinse Flora
Com' è Flora di fiori.
D'ossa in vece e di carne i fior fan Flora,
Non però Flora i fiori
Sono, ne fiori è Flora,
Mà si di fiori Flora
E fano i fiori Flora, e Flora i fiori,
Perche de i fiori è Flora
La vera dea composta sol di fiori.

On pourroit faire de ce tableau vn Embleme de noftre Dame, qui à ramaffé en foy toutes les graces des Saints, & toutes les perfections des Heroïnes.

Le mefme peintre fit encore vn Vertumne tout de fruits.

Vn autre peintre Italien recueillit en vn portrait toutes les deformitez, qui ont donné occasion aux furnoms des familles Romaines, & en forma l'Image d'vn Gentilhomme mal fait, qui fe difoit iffu des plus nobles familles de l'Italie. Il luy donna vn grand nez pour le faire parent des Nafons, il mit fur ce nez vn pois chiche, pour montrer qu'il defcendoit des Cicerons, il luy fit de groffes leures pour luy donner la marque des Labeons, des dents longues pour reprefenter celles de Curius Dentatus, des yeux louches, qui le montroient du fang des Strabons, des taches fur le vifage, qui eftoient la marque de la famille des Neuies, & le front de celle des Frontons. Ce tableau eftoit vn Embleme muet,

qui

qui enseignoit qu'il n'auoit que les vices de ces familles, dont il se glorifioit de tirer son origine.

Mais vn de nos François surpassa l'addresse & l'inuention de tous ces peintres, quand auec vn polyoptre il fit de tous nos Rois le vray portrait de sa Maiesté, qu'il accompagna de cette denise *ex omnibus vnus*, les inuentions des tableaux Canelez, des miroirs qui trompent par de fausses images, & les illusions ingenieuses des Arts peuuent souuent estre des instructions & tenir lieu d'Emblemes. Comme si vn tableau Canelé representoit d'vn costé vn Empereur en Maiesté & de l'autre vn Squelette reuestu des mesmes ornemens ce seroit nous apprendre en peinture, que les Princes font suiets à la mort comme le reste des hommes, & vne montre d'horloge faite en oiseau volant enseigneroit que le temps vole, & s'enfuit.

Le Caualier Marin a excellemment reüssi, sur de semblables suiets, en sa galerie où il decrit diuerses Statuës, comme d'vn Amour de Sucre, d'vn Amour de Neige, d'vn Crucifix d'Aymant, d'vn Icare de Cire, d'vne Mort d'Yuoire, & d'vne Magdelaine d'Ambre. Voicy le Madrigal qu'il a fait pour cette derniere.

Lagrimasti, e piangesti
Al piè del tuo Signor, donna pentita.
Tra spelonche, e deserti, indi traesti
Lagrimando la vita.
Hor in Ambra lucente, e pretiosa
Pur ti stai lagrimosa.
O ben saggio colui, che t'ha scolpita.

D

Esser non deuea d'altro il tuo ritrato,
Che di lagrime fatto.

CHAPITRE V.

Des Parties de l'Embleme.

IL eſt temps d'examiner les parties, qui compoſent la peinture ſçauante, que ie decris. Les ſentimens partagez des Autheurs, qui en ont donné les
premieres regles, & la pratique differente de tous
les temps en rendent le nombre incertain. On les
peut neantmoins communement reduire à trois,
qui ſont *la peinture, la ſentence, & les vers.*

Les deux parties eſſentielles de ce beau compoſé,
ſont les figures, & leur ſignification, ou leur ſens
moral, qui eſt l'ame de ces corps, & la forme, qui
leur donne toute leur beauté. La ſentence & les
vers ne ſeruent qu'à cette ſignification dont ils ſont
les interpretes.

I'appelle ces deux parties eſſentielles, pource
qu'elles ſont abſolument neceſſaires à l'Embleme,
au contraire la ſentence & les vers ne ſont que des
parties accidentelles, pource qu'on en peut faire de
ſimples figures, comme i'ay remarqué ailleurs, &
pour lors le ſens depend de l'application de celuy,
qui void ces figures. Comme ſi ie repreſentois vn
Philoſophe, qui attacha la Fortune ſur ſa roüe, ſans
y aiouter autre choſe, les ſçauans connoitroient
d'abord, que ie veux dire que le ſage eſt au deſſus
de la Fortune. Ie pourrois de meſme peindre vn
Heros auec le ciſeau & le marteau en main, pour

tailler vne image de la Fortune, & ce tableau representeroit vn homme, qui ne doit sa fortune, qu'à
ses seules mains, & à ses belles actions.

Il faut pourtant remarquer, qu'il n'y a que les
Emblemes tirez des Prouerbes, ou des sentences
bien connuës, ou des Apologues, ou les Allegoriques, qui puissent estre de simples figures, pource
que la connoissance du Prouerbe ou de la sentence,
qui leur sert de fondement supplée au defaut de
l'explication, & quand on void des personnes qui
lauent vn More il n'est personne, qui n'entende
qu'on veut representer le temps mal employé à
l'execution d'vne chose impossible.

Les Apologues font le mesme effet, quand ils
sont communs comme sont tous ceux d'Esope,
pource que le sens moral dont leur Autheur les a
accompagnez leur sert d'explication, & quand nous
voyons vne troupe de Fourmis, qui trauaillent à ra-
masser du grain, tandis que les Cigales chantent sur
les arbres; il n'est personne de ceux, qui ont lû Esope, qui ne comprenne aussi tot que c'est l'Image de
ceux qui trauaillent durant leur ieunesse pour auoir
dequoy s'entretenir dans la vieillesse, & de ceux, qui
ayant passé leur vie dans les delices se trouuent dans
la necessité sur le declin de leurs iours.

Les Allegoriques font aussi le mesme effet par le
moyen de leurs symboles, comme si ie voulois representer, que l'Esperance soulage le trauail. Ie peindrois l'Esperance auec son anchre, & ses autres
symboles, qui dechargeroit vn homme chenu & ri-
dé, d'vne partie de ses instrumens, &, qui auec vn
mouchoir essuyeroit la sueur de son visage. I'

mefme pour reprefenter le pouuoir de l'Amour,
Ie le peindrois aſſis ſur l'Aigle de Iupiter tenant des
flecches enflammées comme autant de foudres, &
tous les Dieux à genoux deuant luy, ce tableau n'auroit pas befoin d'interpretation, non plus que celuy
du P. Balde, qui à reprefenté le Monde comme vn
ballon dont le Temps & la Fortune ioüent. En vn
autre il à mis le Monde ſur vn traiſneau comme ſur
vn char de triomphe tiré par trois cheuaux que le
Temps conduit, pour reprefenter le paſſé, le prefent
& l'auenir. Les refnes du premier ſont rompues, &
il s'echappe, le fecond eſt attelé au traiſneau, & le
dernier vient apres.　La Fortune qui eſt au timon
enfle ſa voile, & fait aller ce char ſi dereglément,
que l'Amour à peine d'en r'attacher les cordes, qui
ſe briſent.

Celuy de l'Empire de la Mort, que Segoing à mis
au bout de ſon Armoriar vniuerfel, eſt auſſi de ce
genre. La Mort eſt aſſiſe ſur vn Trône tenant ſa
Faux comme vn fceptre, & ſon poudrier comme le
globe Imperial, elle eſt couronnée d'vne couronne
clofe greſſée de petites teſtes de Morts au lieu de
Perles, les Marches de ſon trône de dix-huit teſtes de
dignitez ornées de leurs marques d'honneur & de
fept teſtes d'artifans qui font la premiere Marche,
L'vne eſt coeffée de fueilles de vignes & de raiſins
pour montrer que c'eſt la teſte d'vn vigneron, vne
autre à vn marteau & vn cifeau paſſez en fautoir
derriere ſoy pour montrer qu'elle eſt la teſte d'vn
fculpteur, celle du peintre à des pinçeaux de meſme
auec vne pallette; celle du Muſicien vn Luth, &
vne flute, celles des dignitez ſont couronnées de la
　　　　　　　　　　　　　Thiare,

Thiare, du Diademe, & de diuerses courōnnes, pour diftinguer les Papes, les Empereurs, les Roys, les Ducs, les Comtes, Marquis, &c. cet Embleme inge-nieux enfeigne par fes feules figures que tout eft fu'et à la mort.

Les figures naturelles, artificielles, hiftoriques, fabuleufes, & fymboliques ne peuuent pas faire le méfme effet, pource qu'elles font indifferentes d'el-les mefmes à fignifier plufiéurs chofes à caufe de leurs differentes proprietez. Comme le feu peut fignifier l'ingratitude pource qu'il deftruit celuy, qui le nourrit. L'Auarice, pource qu'il eft infatia-ble. L'Impatience, pource qu'il eft dans des agita-tions continuelles. L'Amour, pource qu'il transfor-mé tout en foy. Et l'action, pource qu'il agit toufiours.

Les fables s'appliquent tous les iours à des fuiets differens; Alciat applique celle de Phaëton aux Te-meraires. Scohonouius aux Ambitieux, & vn autre aux Aftrologues.

Les actions illuftres de l'hiftoire ont tant de cir-conftances, qu'elles peuuent feruir à cent reflexions diuerfes. Comme Alexandre coupat le nœud Gor-dien peut s'appliquer à vn ignorant, qui fe mefle de donner les folutions des chofes les plus ambi-guës, & qui tranche fans crainte les difficultez les plus embroüillées: A vn homme genereux, que rien n'eft capable d'arrefter, & à vn Prince, qui a termi-né vn demeflé à la pointe de l'Efpée. C'eft en ce fens qu'vn Roy d'Efpagne prit ce nœud pour deuife auec ce mot *tanto Monta*, c'eft à dire autant vaut le couper, que le denoüer.

D

Les fymboliques peuuent auffi eftre Equiuoques, finon que les fymboles fuffent indiuiduels, & telle-ment propres à vne chofe, qu'ils ne puffent conue-nir à aucune autre. Mais ils font fort rares & à peine en trouueroit-on trois ou quatre de cette matiere, comme le Caducée, qui eft particulier à Mercure. La Choüette n'eft point tellement la marque de Mi-nerue, qu'elle ne ferue à expliquer plufieurs autres chofes par fes proprietez naturelles, & les clefs que les anciens ont donné à Ianus à caufe qu'il prefi-doit aux portes, fe donnoient à la Deeffe Rhea l'vne pour la fertilité, l'autre pour la fterilité. L'E-glife les donne à S. Pierre pour montrer l'authorité de l'Eglife fur le Ciel & fur la terre, & l'on s'en fert encore à prefent pour mettre en poffeffion d'vn bien, en les donnant à celuy, qui en acquiert le domaine.

Les Emblemes des anciens eftoient de fimples figures, comme nous voyons au tableau de Cebes, & aux plates peintures de Philoftrate, que ce fo-phifte trouua dans vne Galerie, & expliqua à de ieunes gens, qui luy en demandoient l'intrepreta-tion, depuis on leur aiouta de petits mots pour les rendre plus intelligibles, & ces mots furent l'origine des fentences dont on accompagne les figures. Et les Poëtes, qui prennent plaifir à fe diuertir fur de fem-blables fuiets mirent au deffous des Epigrammes, comme ils ont couftume de faire au deffous des por-traits, & ces Epigrammes introduites feruirent tel-lement à deuelopper les figures inconnües aux igno-rans, qu'il à fallu pour rendre fenfibles ces peintu-res à tout le monde, s'accommoder à leur foibleffe,

&

& faire vne partie ordinaire de l'Embleme, ce qui n'estoit auparauant, que de bien-seance, & d'ornement. Tous ceux qui ont donné des Emblemes au public leur ont donné ces trois parties. Comme Alciat, Bochius, Rey Femberg, Schoonouius, Camerarins, l'Autheur de *Typus orbis*, l'Image du premier siecle de nostre compagnie. *Lux claustri.* M. Gomberuille, Delbene, la Demoiselle de Montenay, la Perriere, &c. quelques autres les ont accompagnez de discours en prose Zuerius, M. Baudoin, le P. André Mendo, le P. René Engelgraue. *L'autheur imprimé il n'a pas Jean Jacq. Boissard, Donné un livre, en blanc, imprimé à mets en 1588. vide ch. 12.*

On a mesme introduit ces vers pour l'Explication de la deuise, quoy qu'ils ne soient point de son Essence, & que les Maistres de cette peinture sçauante n'en ayent iamais donné des regles. Ruscelli l'à pratiqué pour quelques vnes. Aresi l'a fait vniuersellement pour toutes ses deuises sacrées, qu'il a encore expliquées par de longs discours en Prose. Le P. le Moine en a donné au public d'Heroïques & de Morales, auec de beaux vers François, & de petits discours, qui ne sont pas moins ingenieux, que ses deuises. I'ay suiui l'exemple de ces grands hommes en celles, que i'ay faites pour la Paix, & ie n'ay pas crû de faillir en marchant sur les pas de ces trois illustres Autheurs.

Alstedius, qui n'a dit que trois petits mots des Emblemes dans son Encyclopedie a obserué qu'il leur falloit donner ces trois parties. Voicy ce qu'il en dit, *Encyclopéd. Parte 1. l. 10. Poës. sect. 4. c. 6.*

Emblema constat tribus partibus, Titulo seu Lemmate

Pictura seu Imagine, & ipso Carmine. vt

Tandem è Contemptibus exit. *Titulus*

Palma. *Pictura.*

Carmen.

Quò magis oppreſſam cupis hanc; illò magis vrges

Vt ſurgat : virtus ſicque premendo nitet.

L'Embleme qu'il donne pour exemple, à ces trois parties. La premiere eſt la ſentence. *En fin la Vertu ſe tire du meſpris & de l'abbaiſſement.* La ſeconde c'eſt la peinture, qui eſt vn Palmier dont on plie vne branche, qui ſe remet de ſoy meſme apres cette violence qu'on luy a faite, & la troiſieme eſt l'Epigramme qui fait en deux vers l'application.

La Paix, qui embraſſe la Iuſtice eſt vn Embleme ſans titre, & ſans vers, dont on conçoit ſuffiſamment le ſens apres la Prophetie Dauid. *Iuſtitia & Pax oſculatæ ſunt.*

Les Emblemes du cœur ſacré à IESVS-CHRIST, n'ont que deux parties, la peinture & les vers, pource qu'eſtant Allegoriques, ils s'expliquent facilement par les ſeules figures, & les vers, qui les accompagnent, ne ſont qu'vn ornement de bienſeance; on a mis ceux-cy du cœur percé de fleches, par le petit IESVS vêtu en Amour.

Sat eſt Ieſu vulneraſti.
Sat eſt totum penetraſti
Sagittis ardentibus.

Procul, procul hinc libido;
Nam cœleſtis hic cupido
Vincet ignes ignibus.

Sous

Sous celuy , où il tient la pallette en main , & où il peint les mysteres de sa vie.

Sume Iesy *penicilla,*
Córque totum conscribilla
Pys imaginibus.

Sic nec Venus prophanabit,
Nec voluptas inquinabit,
Vanis Phantasmatibus.

Il faut considerer ces trois parties en particulier, pour en establir les regles; & pour enseigner quelle doit estre la peinture des Emblemes; quels titres on leur doit donner ; & de quelle maniere les vers en doiuent faire l'application. C'est ce que ie fais en autant de Chapitres.

Chapitre VI.
Des Figures des Emblemes.

LEs Images, qui composent les Emblemes sont si diuerses , qu'il est impossible de les reduire à des principes, qui conuiennent generalement à toutes ces figures. Celles qui sont des representations de la nature, ou des choses artificielles, ne demandent pas beaucoup de reflexions, & il suffit de dire en general, que celles, qui represétét des corps pauls beux sont les plus agreables à la vûe. Ainsi les Astres, le Paon, l'Aigle, le Lion, la Palme, la Grenade, la Rose & le Lys sont des Emblemes plus

Diiij

beaux, que les ferpents, le pourceau, le treffle, &
le chardon.

Pour la figure humaine, celle qui tient plus de la
fable, & celle dont les habits font moins ordinaires
eft la plus belle, comme vn Hercule vêftu de fa
Peau de Lion, vn Argus à cent yeux, vn More, vn
Turc, vn Americain, & vn Brafilien.

Le nombre des figures n'eft pas limité dans l'Embléme comme dans la deuife. Celle-là n'en reçoit
ordinairement qu'vne ou deux, ou fi elle en à d'a-
uantage, il faut qu'elles foient toutes d'vne mefme
efpece comme feroit vn Effain d'Abeilles, vn troupeau de Brebis, vn filet plein de Poiffons. Celuy-cy
au contraire n'eft iamais plus agreable, que lors que
les figures font multipliées, & de diuerfes efpeces.
Comme celuy, que le P. Balde à fait pour la vanité
du Monde. La Scene reprefente les ruines de Tróye
auec cinq Poëtes affis fur les debris de cette grande
ville dont l'vn dit par vn rouleau, *Troïa ftetit.* Vn
autre, *Ilium euerfum eft.* Le troifieme, *Fuere Troës.*
Le quatrieme, *Vbi Troïa nunc eft.* Et le cinquieme,
ergo Troïa Iacet? Et l'Echo refpond, *Iacet.* Deux colomnes brifées portent pour infcription *non vltrà.*
L'Image du Soleil renuerfé, & des fceptres rompus
meflez à des couronnes, difent qu'il n'eft rien de
conftant dans le monde. Les vers qui expliquent ce
tableau ne font pas moins ingenieux que la peinture.

Nunc
feges,
eft ubi
Troïa
fuit.
Ovid.

> *Fuere Troës, Ilium,*
> *Tros, Ilium fuere.*
> *Fuit, fuit domus inclyta*
> *Nomémque Dardanorum,*

Impreffit

Impreßit altis mœnibus
Hostile Mars aratrum,
Vbi steterunt Pergama,
Nunc fluctuant Aristæ.

II.

Septena quæ miracula
Iactabat antè mundus:
Septena sunt Ludibria,
Et nobiles chimæræ.
Monstret nemus Semiramis,
Murósque sulphuràtos:
Rhodósque Solis æneum
Extollat alta signum.

III.

Trophæa fixa Gadibus
Et Herculis columnas,
Non paßus vltrà Nereus
Iacto Tridente vertit.
Quæ celsa mole pendulâ
Mausolus incolebat,
Duxere labem marmora,
Sepulta sunt sepulchra.

L'Embleme reçoit tous les ornemens ordinaires
de la peinture : comme sont les Paysages, l'Archi-
tecture, le Ciel, les Terrasses, les Fontaines, & choses semblables, pourueu qu'elles ne nuisent point
à la connoissance des figures principales comme
i'ay des-ja remarqué.

L'

Les figures Allegoriques des Eftres abftraits &
Moraux font les plus ingenieufes, & les plus difficiles à inuenter. Il eft neceffaire de prendre garde
à leurs difpofitions, & à leurs qualitez. Leurs vefte-
mens, leurs poftures, & leur air doiuent eftre fymboliques.

De ces Images les vnes reprefentent *les chofes
naturelles*, comme font les Elemens, le Iour, la Nuit,
l'Horizon, le Temps, & les Saïfons, dont toute l'antiquité nous fournit des exemples dans les fables.
L'Abondance, la Sterilité, la Recolte, les Mois, &c.

Les autres font, *les expreffions de l'Ame*, de fes
parties, & de fes qualitez. C'eft ainfi que nous donnons du corps à ce qui n'en à point, & nous peignons fous des voiles l'Imagination, la Memoire,
l'Entendement, la Raifon, la Volonté, l'Inclination.
Nous peignons auffi les qualitez du corps, la Force,
le Temperament, la Santé, les Humeurs, & la Beauté, &c. Ces fymboles paffent encore plus auant, &
l'homme s'eft voulu rendre la diuinité vifible. Il en
fait des images de toutes fortes, & fon efprit n'eftant
pas infini pour comprendre cette vnité, qui enferme toutes les perfections dans vne effence tres
fimple. Il diuife cet eftre indiuifible, & en fait autant de reprefentations differentes, que nous recon-
noiffons dauantages épars dans les creatures. Cette
audace à ietté les fondemens de l'Idolatrie, & l'efprit
en s'efforçant de connoiftre la Diuinité s'en eft in-
finiment eloigné en la multipliant. Il femble pourtant, que les diuerfes formes, que ce premier eftre a
prifes pour fe faire connoître aux hommes ayent
eité l'occafion de leur erreur, les oracles qu'il a pro-
noncez

nonçez dans les nuës, & les rayons de lumiere, qu'il a fait paroitre dans ses apparitions l'ont fait prédre pour vn Soleil. Le feu du buisson ardent fait allumer des buchers dans les temples, & la presence de cet Estre dans tous les lieux à fait multiplier ses images. Nous representons en Emblemes les perfections diuines sans Idolatrie & si nous faisons des Images ce n'est pas pour les adorer, mais pour apprendre par des figures Enigmatiques & symboliques à connoître Dieu dans les creatures sans luy donner les defauts qu'elles ont : Ainsi quand nous luy donnons des foudres en main pour representer sa seuerité à punir, nous ne faisons pas vne passion de sa colere, & nous ne connoissons aucune alteration dans cet estre immuable; Ce symbole nous enseigne seulement, que comme la foudre est prompte, Dieu peut punir en vn moment, & comme ce Meteore fait trembler tout le Monde, quand il brille, & donne de la terreur à tous les hommes lors mesme qu'il n'en frappe qu'vn; ainsi quand il chastie quelqu'vn tous doiuent craindre.

Nous peignons encore *les choses surnaturelles*, comme la Grace, l'Inspiration, la Gloire, la Foy, l'Esperance, la Charité.

Les Morales comme sont les Vices, les Vertus, & les Passions.

Les Politiques, comme la Monarchie, & les diuerses especes de gouuernemens : la Tyrannie, les Dignitez, &c.

Les Ideelles, qui ne subsistent que dans la pensée des hommes, comme la Renommée, l'Honneur, l'Estime, le Mespris, l'Authorité, la Fortune, &c.

Des

Deſtin, la Faueur, la Gloire.

Et *les Notionelles*, qui ſont les Arts, & les Sciences, qui ſeruent de regle aux operations de l'eſprit, & à la production des choſes, qu'il inuente.

Ces peintures ſçauantes donnent encore du corps aux actions, de quelque nature qu'elles ſoient ; ou

Naturelles, comme le dormir, le boire le manger & le mouuement, qui ſont les actions du corps, & celles de l'Ame, comme la penſée, la reflexion, & la connoiſſance, &c.

Les ſurnaturelles, comme la Contrition, l'Amour de Dieu, la Penitence finale, la Contemplation.

Les Politiques, comme le Commandement, le Conſeil, la Recompenſe, le Chaſtiment.

Les Ceremoniales, comme le Sacrifice, l'Hymenée, les Funerailles, le Triomphe, le Tournoy, &c.

Les Militaires, comme la Victoire, le Combat, la Tréue, le Conſeil de Guerre, &c.

Les Academiques, comme la Lecture, la Conference, la Diſpute, l'Imitation, l'Attention, &c.

Les Morales, qui ſont tous les actes des Vices, des Vertus, & des Paſſions. On repreſente encore les aſſemblées, & les communautez, qui font des corps Moraux, comme ſont l'Egliſe, les Royaumes, les Colleges, les ordres Religieux, & les Congregations.

C'eſt en ces repreſentations, que l'eſprit montre ſa facilité à inuenter, & ſa fecondité. Il faut qu'il penetre parfaitement les definitions des choſes, leurs qualitez, leurs cauſes, leurs effets, & leurs changemens pour les repreſenter par des choſes ſymboliques, & c'eſt dans les choſes materielles, qu'il

qu'il en faut rechercher la reſſemblance la plus
naïfve. Cette reſſemblance ſe trouue dans la proportion, que peuuent auoir deux choſes de differente nature, Ainſi par la peinture d'vn Arc de-
ſtendu nous repreſentons le diuertiſſement d'vn
homme d'eſtude, qui deſtend ſon eſprit apres le trauail, & par la figure de Samſon, qui dompte vn
Lion eſt denotée la victoire, qu'vn homme rempor-
te ſur ſa colere.

Comme l'homme eſt la choſe la plus noble & la
plus parfaite de celles que nous voyons ; nous nous
ſeruons ordinairement de ſa figure dans les repreſentations, & pource que l'Embleme eſtant vne inſtruction morale, il ſemble que nous aimons mieux
eſtre inſtruits par des hommes, que par des beſtes,
ou par des choſes inſenſibles, Nous donnons ſeulement à cette figure des poſtures diuerſes, & des
ornemens differens pour luy faire repreſenter diuerſes choſes.

Pour la reprenſentation des choſes naturelles, il
faut ſeulement remarquer leurs qualitez, & leurs
parties, & leur donner des ſymboles, qui en ſoient
les repreſentations les plus ſenſibles & les plus propres. Comme pour repreſenter le Soleil ie remarque ſa viſteſſe, ſa lumiere, ſa chaleur, ſes rayons, &
ſa figure. Pour exprimer ſa viſteſſe on luy donne vn
chariot tiré par quatre cheuaux, à cauſe que la vi-
gueur de ces animaux les fait courre auec rapidité,
les Rayons dont nous couronnons le Soleil, & l'habit de drap d'or dont nous le reueſtons ſont les
ſymboles de ſa lumiere, le viſage d'homme a du
rapport à ſa figure, & le feu que iettent ſes cheuaux

non

nous expriment ſa chaleur.　J'ay fait les peintures des Elemens dans la deſcription d'vn des feux d'artifice.

La connoiſſance des deuiſes ſert beaucoup au choix de ces ſymboles, pource que toutes les deuiſes ſont eſtablies ſur vne qualité particuliere d'vn corps, qui a du rapport à quelque operation, ou à quelque ſentiment de l'ame. Ainſi pource que l'Iris eſt le preſage de la ſerenité, on le peut donner pour ſymbole à la ſerenité quand on la repreſentera, & la veſtir de bleu celeſte pource que c'eſt la couleur du Ciel, quand il eſt ſerein.

Pour les expreſſions du corps, & de l'ame, & de leurs qualitez.　Il en faut bien connoitre les fonctions, la figure, les qualitez, les effets, &c. Ainſi pour repreſenter les quatre complexions de l'homme. Ie repreſenterois la colere ſous la forme d'vn ieune homme, qui auroit les yeux eſtincellans, le tint iaune, l'habit de couleur de feu, l'eſpée nüe en main, & en action de pourſuiure quelqu'vn. Ie le peindrois ieune pource que cet aage eſt plus ſuiet à la colere que les autres, ſon teint iaune montre l'effuſion de la bile, & ſon habit de couleur de feu le deſir de la vengeance, l'impetuoſité, & l'ardeur, que cet element repreſente. Sa poſture & l'eſpeé, que ie luy donne montre les effets de cette paſſion, qui eſt violente. Ie pourrois mettre à ſes coſtez vn Lion, qui eſt vn animal colere, ou vn Tigre, qui eſt cruel. Ie ferois à proportion le meſme pour les autres complexions.

Pour les effets de l'ame nous ne les pouuons repreſenter, que par les marques exterieures, qu'ils impriment

impriment sur le corps. Ainsi nous representons l'I-
maginatió les yeux fortemét attachez sur le Ciel, les
mains croisées, & le corps arresté pource qu'elle produit sur le corps tous ces effets. On luy donne encore
vne robe changeante pour montrer son inconstance,
vn diademe, qui luy tient le front tendu, pour denoter
que la vertu imaginatiue a son siege dans le premier ventricule du cerueau ; & l'on fait sortir de sa
teste de petites images qu'elle forme.

La Diuinité se represente en cent façons differentes, pource qu'il n'est aucun bien dans les creatures, qu'elle ne possede eminemment. Il faut neantmoins auoir du choix dans les figures qu'on luy
donne, & ne pas imiter l'aueugle Idolatrie des Egyptiens, qui mit des rats, & des oignons sur les
Autels. Il faut, que tous les corps dont on se sert
pour peindre la diuinité soient grands & nobles
comme l'homme & le Soleil. On peut aussi representer les perfections Diuines par Analogie aux Humaines, & le rayon de lumiere est presque la seule
difference que les anciens leur ont donnée, recon-
noissans cette qualité pour quelque chose de diuin.

On peut dire le mesme à proportion des choses
surnaturelles, qui n'estant connuës, que par leurs
effets, ne se peuuent aussi representer, que par les
choses, qui ont de la proportion auec ces mesmes
effets. Voicy comme Monsieur Baudoin nous a peint
la grace apres Cesar Ripa.

C'est vne ieune Vierge, qui par les merueilleux
charmes de sa beauté, rauit d'amour & d'admiration
tous ceux qui la contemplent. Vne couronne res-
plendissante se forme tout à l'entour de sa teste, dont

E

les cheueux blonds s'efpandent nonchalamment fur fes efpaules ; & de fes deux mains elle tient vne Corne d'abondance, d'où tombent plufieurs fortes de biens, qui font denotez par diuerfes enfeignes, & marques d'honneur. Mais elle fe fait paroiftre fur tout par fa nudité, & par les rayons qui l'enuironnent, depuis la tefte iufques aux pieds.

Les beautez qui efclattent fur fon vifage, font des fymboles de celles de fon ame, qui eft pure & nette de toutes fortes de taches ; ce qui procede fur tout de ces merueilleux rayons, dont elle eft enuelloppée, qui eftant eflancez d'en-haut, diffipent les nuages efpais, & les tenebres des vices.

Sa nudité demonftre le mefme, comme eftant la marque de fon innocence, qui n'a pas befoin de ces ornemens exterieurs, ny de ces vaines parures, dont les perfonnes du monde ont accouftumé de couurir leurs deffauts. Et quant aux biens qu'elle verfe abondamment, ils apprennent à ceux qui les poffedent à reconnoiftre qu'ils viennent de Dieu, puis qu'ils doiuent à fa fainte Grace les plus hautes dignitez où ils fe voyent efleuez.

D'auttes la reprefentent fous la forme d'yne belle Vierge, qui tourne les yeux vers le Ciel, d'où le Saint Efprit defcend fur elle en forme de Colombe; outre qu'ils luy font tenir d'vne main vn Rameau d'Oliuier, & de l'autre vne Couppe.

Elle regarde le Ciel, pour monftrer que la Grace nous vient de Dieu, & que pour l'obtenir, il faut neceffairement que le pecheur fe conuertiffe, & qu'il den ande pardon de fes fautes. Cette pureté de l'ame, eft figurée par la Colombe, vray fymbole du Saint Efprit,

Efprit, à qui les Theologiens attribuent l'infufion de la Grace dans nos ames; Et voila pourquoy il eft dit, Qu'elle s'efpend fur les creatures, par la pure libe:alité de Dieu, & fans aucuns merites qui foient en elles,

Et d'autant que l'Oliuier fignifie la Paix, le Rameau qu'elle tient eft vne marque de tranquillité que fent le pecheur, apres qu'il s'eft reconcilié auec Dieu. Et peut-on bien dire auffi, Que la Couppe eft vne figure de cette reconciliation, puifque celuy qui eft en la grace de Dieu, goufte des douceurs infinies, qui luy font perdre entierement la foif qu'il auoit auparauant des chofes du monde.

On donne aux Vertus, & aux Vices les ornemens & les marques fingulieres, que l'antiquité leur a donnez, Les paffions, en reçoiuent de proportionnez à leurs effets, & comme elles alterent le corps, il en faut exprimer tout les changemens. On les peut mefme reprefenter quelquefois par leurs effets contingens; comme le defefpoir par vn homme qui fe pend, ou qui fe precipite: La crainte, par vn homme, qui a peur de fon ombre: La hardieffe, par vn homme, qui attaque vn Lion.

Les actions de l'hiftoire, font toutes des actions vertueufes, ou vitieufes. Les paffions en font fouuent l'origine, ainfi on s'en peut feruir pour reprefenter ces paffions, & les vertus, & les vices. Et comme toute la Politique eft fondée fur la pratique des temps, c'eft principalement fur l'hiftoire qu'il en faut deffiner les Images.

Les peintures Ideelles font les plus difficiles de toutes, & ce font celles dont l'efprit eft inuenteur.

Ainfi l'antiquité, nous a reprefenté la Renommée auec des aifles, des trompettes, des oreilles, & des yeux pour fignifier fa vifteffe, le bruit des chofes, qui fe diuulgent, & que c'eft elle qui oyt & qui void tout. De mefme ie peindrois l'authorité aagée, & venerable, veftue en maiefté, & affife fur vn trône, des chefs à fes pieds, qui attendroient fes ordres. Ie luy donnerois vne clef & vn fceptre en main, & des trophées autour d'elle apprendroient, que les belles actions feruent à donner de l'authorité, auffi bien que l'aage, & la dignité.

Les peintures notionnelles, dependent des principes des Arts & des Sciences. Comme on reprefente la Theologie vetüe de couleur celefte, contemplant le Ciel, pource que fon but principal eft de connoitre les chofes Diuines, & la Beatitude. On luy donne vn Diademe fait en triangle pour denoter l'ynité & la Trinité de Dieu, & vne Colombe à fon oreille pour montrer, que les principes de fes connoiffances viennent du faint Efprit, comme les liures pofez à fes pieds, font les fymboles de l'authorité des Ecritures. Les Arts fe reprefentent plus facilement par leurs inftrumens, comme l'Agriculture, par la charrüe, la Peinture par la pallette & les pinceaux, la Mufique par les inftrumens, & les notes. On fait le mefme pour les Sciences, qui en vfent, comme on donne à la Mathematique des Globes, vne Sphere, vn Aftrolable, vn Compas de proportion, & vne Lunette de Galilée, à la Medecine des fimples, & des phioles d'effences, & d'exttaits.

Les actions font plus faciles à peindre, pource que les feules poftures les peuuent reprefenter, comme

le

le dormir par vn homme couché & endormy, &c.

Les ceremoniales, & les militaires font figurées dans les monnoyes antiques, dont les reuers reprefentent les vœux publics, les facrifices,&c.

Les morales fe reprefentent à proportion des habitudes,dont elles font les actes.

Pour reprefenter les affemblées,il eft neceffaire de confiderer, qu'elle eft la fin pour laquelle elles font eftablies ; leur inftituteur,les perfonnes,qui les compofent, le pouuoir & l'authorité de ces corps, &c. Ainfi pour reprefenter l'Eglife on la reueft d'habits Pontificaux pource que le Pape en eft le chef,& on luy met des clefs en main, qui font les marques de la iurifdiction qu'elle a fur le Ciel & fur la terre.

Si i'entreprenois de faire l'Image de noftre compagnie. Ie la voudrois reprefenter auec vne robe femée de lettres,pour la profeffion particuliere,qu'elle fait de ioindre les lettres à la pieté ; ie mettrois des mitres, & des chapeaux à fes pieds à caufe qu'elle renóce à toute forte de dignitez par vn vœu exprez. Ie luy donnerois des ailes au dos, aux mains, & aux pieds, pour la promptitude de fon obeïffance,qui la fait aller iufqu'aux extremitez du monde, pour procurer le falut des ames. Le nom de IESVS dans vne ouale rayonnante fur fa poitrine, luy feruiroit encore de marque particuliere, auec vn liure entre fes mains,ou feroient ecrits ces mots. *Ad maiorem Dei gloriam*, qui eftoit là deuife de fon fondateur.

Comme la plûpart de ces corps, ont des blafons, ou des marques, qui les diftinguent, on s'en peut feruir pour les faire connoitre. Comme la France fe reueft d'vn manteau bleu fleurdelifé, la couronne

fleurdelifée en tefte, & le fceptre de mefme en main.
On donne à l'Efpagne vn manteau femé de Tours
& de Lions, au Dauphiné vn habit femé de Dauphins & de fleurs de lys, à l'Angleterre des
Leopards.

On fe fert encore des fingularitez de chaque prouince pour leur reprefentation. Comme à l'Egypte,
on met à fes pieds vn Crocodile, & les pyramides
derriere elle.

On donne à la Sicile vne couronne l'Efpics à
caufe de fa fertilité en grains, & le mont Gibel en
main.

Les Images des Dieux de Cartier, les reuers des
medailles, & l'Iconologie de Ripa font des pieces à
confulter, pour l'inuention de ces figures.

La difpofition en doit eftre la plus agreable que
l'on pourra, & propre du fuiet: en forte, que les vertus agiffantes paroiffent dans le mouuement & les
tranquilles fedentaires.

On fe fert le plus fouuent des petits Amours, pour
les reprefentations indifferentes, c'eft à dire qui n'e-
xigent pas d'elles mefmes des perfonnages affectez;
comme pour changer les armes en inftrumens
d'Agriculture, pour faire vn Embleme de la Paix:
pour baftir vn temple; pour pefcher, &c.

L'Autheur du tableau du monde s'en eft feruy
galamment pour fes Emblemes. Car en l'vn il a
peint vn petit Amour, qui fe regarde dans vn miroir
conuexe fait en boule, qui groffit les obiets, auec
cette fentence. *Sic decipit orbis.*

En vn autre de petits Amours ioüent à la longue
boule: auec cette deuife, qui fert d'ame au tableau:
Vincit,

Vincit, qui longiùs abijcit. Pour apprendre, qu'vn religieux eſt d'autant plus loüable, qu'il iette le monde plus loin.

En vn autre vn petit Amour dreſſe des boules en mettant vne ſur trois, comme les enfans ont coutume de faire au ieu des noix, pour taſcher de les abbatre de loin: auec cette deuiſe. *Struit vt ruat.*

En vn autre vn petit Amour eſt mordu de la Tarenſule, qui le fait moürir en danſant. Et la deuiſe apprend, que la volupté fait le meſme. *Et Riſu necat.*

Entre ceux de l'Image du premier ſiecle de noſtre compagnie, vn de ces Amours fait des bouteilles de Sauon, apres leſquelles vn autre coürt, auquel il crie: *Si tangas frangas,* pour enſeigner, que la Chaſteté eſt delicate.

Vn autre ſouffle contre vn miroir, qu'il ternit, & cet Embleme s'applique au meſme ſuiet que le precedent.

Entre les Emblemes amoureux dont on a recueilly les figures en vn corps, on void dans l'vn l'Amour qui fait vn Ioug de ſon Arc & de la corde, qui le lie. En vn autre il ſouffle le feu d'vn Alambic dont diſtillent des gouttes d'eau & la deuiſe eſt: *Mes pleurs mon feu decouurent.*

Les images de ces petits Amours ſont agreables d'elles meſmes, & ces petits corps, ont encore vne grace particuliere, quand ils ſont dans l'action comme nous prenons naturellement plaiſir à voir les petits efforts des enfans.

Les figures Allegoriques ne doiuent pas eſtre trop recherchées, ny trop tirées, de peur de tomber dans l'obſcurité de l'Enigme.

CHAPITRE VII.

Du mot de l'Embleme.

QVoy que plusieurs estiment, que l'Embleme n'exige pas necessairement vn mot, comme la deuise ; il me semble qu'il n'y a que l'Allegorique, qui puisse l'exclurre comme i'ay desia remarqué. Car autrement les historiques ne seroient à la vûe, que de simples tableaux d'histoire, de mesme que les naturels & les fabuleux. Au lieu, que celuy-cy auroit tousiours vn sens caché sous ses symboles Allegoriques.

Ces mots peuuent estre ou de simples titres, ou des enseignemens, ou des sentences, ou des mots semblables à ceux des deuises, qui ne font qu'vn tout auec le corps.

Ceux, qui sont de simples titres conuiennent, ou aux figures, ou à leurs applications morales. L'onzieme de Schoonouius est simple titre, qui n'explique autre chose que la figure, qui fait le corps de l'Embleme. *In statuam Bacchi.* Le 25. d'Alciat a la mesme inscription. Le 26. à pour titre *Gramen*, & la figure n'est autre que cette herbe, qu'on donnoit au victorieux. De mesme le 198. & tous les suiuans des arbres, n'ont autre titre, que leur nom : *Cupressus, Quercus, Salix, Abies*, &c. Ie n'estime pas, qu'il soit necessaire de se seruir d'vne liberté, que l'Ignorance de quelques peintres semble auoir introduite, & ie ne voudrois mettre ces titres qu'aux figures, qui ne sont pas assez connoissables d'elles mesmes. Alciat s'en est souuent serui pour cette cause comme au

trente

rente-septieme Embleme, il met sur vne Mer *Scy-thicum Mare*, au 33. au 51. & au 135. sur des tombeaux *D.M. Aristomenis D. M. Aiacis. Archilochi M. Achillis M.* cela est plus supportable, quand les figures representent des temples, ou des tombeaux, pource qu'il est ordinaire de leur donner des inscriptions. Bochius s'en est serui de cette maniere en son trente-troisieme tableau, où il a representé le temple de la Vertu & de l'Honneur, qui estoient tellement disposez, qu'il falloit passer par l'vn pour entrer dans l'autre. Il a mis sur la frise du premier *Virtuti,* & sur celle du second *Honori,* & la deuise de l'Embleme est: *virtus vestibulum est honoris.* Paul Ioue donne aussi l'exemple de celuy du Marquis de Pescare, qui portoit l'Autel dedié à Iunon Lacinienne, dont le feu n'estoit iamais agité du vent, quoy que cet Autel fut exposé à toutes les iniures de l'air. L'Inscription du temple mise à son entrée, faisoit connoitre quel estoit cet Autel, & l'on y lisoit en gros caracteres *Iunoni Lacinia Dicatum.*

J'estime qu'il seroit plus à propos de faire connoitre ces figures, par des symboles propres, que par des titres de cette maniere. Comme si ie representois le Nil ie peindrois vn Crocodile, qui en sortiroit, les pyramides, qui luy seroient voisines, ou la mesure dont on se seruoit pour marquer ses crûes, & ses decrûes.

Les autres sortes de titres, sont de ceux, qui expliquent le sens, & l'application du tableau. Comme le sixieme d'Alciat. *Ficta Religio.* Le neufvieme, *Fidei symbolum.* Le dixieme *Fœdera.* L'onzieme *Silentium,* &c. Ceux-là sont plus frequens & plus pro-

pres des Emblemes.　C'est ainsi que se font la plûpart des Enigmes, qui s'expliquent par vn seul mot,
comme seroient *la Rose* , *le Soleil* , *l'Orange* , &c.
dont on represente les effets, les qualitez, & les causes
sous les voiles de quelque histoire. I'approuue fort
cette sorte de mots dans les Emblemes, qui font sim-
plement le caractere des choses comme de la concorde representée par le Luth.　Pource qu'on void
aussi tot que comme l'harmonie de cet instrument
depend de la iustesse de ses cordes, de mesme la concorde d'vn estat depend de l'vnion de tous ses membres : mais lors que le sens depend de l'application
d'vne proprieté particuliere, de la figure ou de quelque euenement, il est necessaire qu'vne sentence entiere en face connoitre le rapport. Comme si ie pre-
nois vn Luth trop tendu dont vne corde se rom-
proit pour montrer les desordres, qui suiuent le gouuernement violent, il faudroit exprimer cette sentence entiere dans le mot.

Il suffit souuent aux Allegoriques d'auoir vn titre
de cette seconde façon, qui se trouue aussi l'estre de
la premiere ; pource que la peinture estant de soy
symbolique, elle est en mesme temps appliquée sans
qu'elle ayt besoin d'aucune deuise. Ainsi quand on
feroit peindre les triomphes du Petrarque, qui sont
de vrays Emblemes. Il ne leur faudroit point d'autres
titres, que *Triumphus Castitatis, Triumphus Tempo-*
ris, Triumphus Famæ, Triumphus Amoris, Triumphus
Mortis.

Secondement ces titres peuuent estre des enseig-
gnemens reduits en aduis, en commandemens, & en
preceptes ; comme *Maturandum* , qui est le titre
du

du 20.d'Alciat. *Cuftodienda Virgines* ; qui eft celuy
du 22. *Gratiam referendam,* du 30. *Illicitum non fpe-*
randum, du 46. du 12. de Bochius. *Cupidini cæco puella*
haud credito.

Troifiemement on met des fentences entieres;&
ce font les plus ordinaires. Tous ceux de Monfieur
Gomberuille en ont, comme fur la fable de Danaë
corrompuë par Iupiter fous la forme d'vne pluye
d'or. Le titre eft *l'Argent corrompt tout.* Sur celuy
d'vn Cheual, qu'on met à la charrüe, & d'vn bœuf
qu'on felle.

    Le fot fe plaint toufiours de fa condition.
Celuy du feizieme de Bochius. *Laboris onus honos*
leuat. Et celuy du trentieme. *Non multa poffidens,*
fed imperans fibi, dicendus eft ditiffimus.

Quatriemement on peut faire les mots des Emblemes à ceux des deuifes, qui font vn tout, auec le
corps, dont ils ont receu le nom d'Ames. Comme
eft dans l'Image du premier fiecle de noftre Compagnie l'Embleme d'vn Vigneron, qui taille la vigne,
auec le mot. *Nil dabit indè minùs.* Pour dire que
bien, qu'elle renuoye ceux, qui ne font pas propres
à fes fonctions, & qu'elle retranche du corps les
parties vitieufes, elle n'en fait pas moins de fruit.
C'eft ce qui a donné auffi lieu à cette belle Anagramme.

    SOCIETAS IESV.
    VITIOSA SECES.

Qui ofteroit le vigneron de ce tableau en y laiffant feulement la vigne taillée, feroit d'vn Embleme
vne iufte deuife.

La difference, qu'il y a entre ce mot & celuy de

la deuife c'eft que celuy de l'Embleme peut nommer
les figures, ce que celuy de la deuife ne doit iamais
faire. Comme celle-cy du Soleil feroit vitieufe, *Sol
non exoratus exoritur*, à caufe que la fentence nom-
meroit la figure, au contraire, cet Embleme de l'Autheur du tableau du monde fous le nom de *Typus
orbis*, eft ingenieux. Il reprefente vn Amour, qui tient
le monde fur vn tour à tourner, & qui en fait tomber des Thiares, des couronnes, & d'autres marques
d'honneur, auec cette deuife, *Erit ex hoc æquior orbis*, & le dixieme de Bochius, où la vertu & l'hon-
nefte plaifir fe tiennent embraffez. *Cum virtute almâ
confentit vera voluptas.*

    Ces fentences ne doiuent pas neceffairement auoir
la mefure des vers. Comme nous voyons au 31. Embleme de Bochius, *Pecuniâ haud corrumpitur vir
fortis & frugi, nec acie vincitur*, & dans Alciat il
n'en eft aucun d'ont la fentence ayt forme de vers,
que celuy-cy, *Virtuti fortuna comes*, neantmoins le
nombre & la mefure des vers a vne grace particuliere, & tant qu'il fe peut faire, il ne s'en faut pas
difpenfer, il eft indifferent en quelle forte de vers
que ce foit, quoy que les plus ordinaires foient les
plus propres.

    On peut faire ces fentences en langue vulgaire,
ou en langue Latine, ou en quelque langue eftran-
gere particulierement en Italien ou en Efpagnol.
Alciat & Bochius en ont de Grecques, neantmoins
il n'en faut guere vfer que dans les Emblemes fça-
uans, & Academiques.

    Quel ues Emblemes reçoiuent & titre & fenten-
ce comme en celuy de Bochius ou la fourmy court

fur

fur vn bœuf, qui tire la charrüe. Le titre eft, *In eos qui alienis laboribus perfruuntur*,& la fentence. *Formicæ aratra, non fibi ferunt boues.*

Quand la fentence eft tirée de quelque Autheur celebre,elle eft beaucoup plus belle, toutes celles de Monfieur de Gomberuille font d'Horace, ou de quelque autre Poëte.

Les antithefes, les alliterations,& les Equiuoques les rendent plus agreables. Comme en celuy de Ionas englouti par la Baleine, *Perit ne pereat*,en celuy de deux foldats condamnez à mort, qui ioüent leur vie au dez, & iettent au fort fur vn Tambour, qui des deux fera pendu. *Iactu qualis Iactura vel vno*, vne victime dont on tire les entrailles, *Intima non extima,* pour dire que Dieu veut l'interieur & non pas l'exterieur. Et celuy d'vn Singe, qui fe brule en mettant le feu à vn Canon. *Male luditur Igne.*Pour celuy, qui ayant vû S.Ignace dit à vn de fes amis ie veux eftre brulé, fi cet homme là ne merite de l'eftre ; car la mefme nuit fa maifon brula, & il ne pût iamais fe retirer de l'incendie.

Vn homme, qui tire vn coup de Moufquet dans vne cheminée, pour en efteindre le feu. *Compefcuit ignibus ignes,* pour celuy, qui fe retire du vice, par la penfée & la crainte de l'Enfer.Des hommes à qui on conne l'Eftrapade : *Tolluntur in altum, vt lapfu grauiore ruant,* pour les ambitieux.

Les Prouerbes bien appliquez font le mefme effet. Comme pour la reconnoiffance, ie peindrois Ariftote, qui dreffe vn Autel à Platon, auec ce mot, *Amicus vfque ad Aras.* P.

CHAPITE

CHAPITRE VIII.

Des Vers, qui expliquent la peinture des Emblemes.

SI la peinture est vne Poësie muette, & la Poësie vne peinture parlante, l'Embleme, qui a les beautez de l'vne & de l'autre merite aussi ces deux noms. Il est vne peinture d'instruction, & les vers, qui luy seruent de truchement contribuent beaucoup à rendre ses enseignemens efficaces. Il y a plusieurs siecles que les Muses sont en possession de donner des titres aux images des Heros, & de faire parler les Marbres. Elles font reuiure les Morts pour l'instruction de la posterité, & les Eloges, qu'elles grauent sur les tombeaux sont les dernieres recompenses que la gloire donne à la vertu. La peinture est muette sans leur secours, & quelques efforts qu'ayent fait les pinceaux les plus sçauans, ils n'ont point encore pû apprendre à parler à leurs images. La Poësie fait ce miracle, elle est la langue artificielle des tableaux, & elle nous donne cet auantage, que nous trouuons des Academies ouuertes dans les Sales & dans les Galeries, ou il ne faut auoir, que des yeux instruits, pour se rendre sçauans en peu de temps. On ne peut plus dire de nous, ce que Virgile a dit de son Heros.

Eneid. 1.   *Animum picturâ pascit inani.*

puisque la peinture est deuenüe l'Ecole des sages, & la maistresse de la Morale.

La Poësie a cela de commun auec la peinture, que l'vne & l'autre s'insinuent facilement dans les esprits, & qu'elles gagnent les cœurs sans violence.

Elles

Elles ont des charmes fi doux, que les ames les moins
traitables ont peine d'y refifter. Le nombre, le tour,
& la cadence du vers font fur l'oreille ce que les
couleurs, & la proportion font fur les yeux. Les fentimens les plus foibles deuiennent grands, quand la
maiefté du vers les accompagne , & vn Heros, qui
parle fur le Theatre, fait ordinairement plus d'effet,
que l'Eloquence triomphante des Orateurs. Enfin
la Poëfie a le *Ie ne fçay quay*, qui plait, & qui attire;
& vne grace particuliere qui luy a fait meriter le
titre de diuine chez tous les peuples.

Il ne faut pas donc s'eftonner, fi pour animer les
peintures fçauantes on a fait plutot choix de la
Poëfie, que de la Profe.

On employe indifferemment à ce deffein toutes
fortes de vers. Alciat s'eft tenu aux Elegiaques,
Sçohonouius s'eft egalement ferui des Hendecafyl-
labes, & des Iambiques, Bochius ne s'eft attaché à
aucune forte particuliere. Il femble pourtant, qu'il
s'en faille tenir à ceux dont Martial s'eft ferui en fes
Epigrammes , puifque les vers des Emblemes font
de vrays Epigrammes , & que prefque tout le recueil des Epigrammes Grecques , eft de vers faits
pour des Emblemes.

Ces vers doiuent eftre extremement nets & faciles, puis qu'ils ne feruent qu'à expliquer les enfeignemens moraux, qui font cachez fous les figures
de l'Embleme. Ceux d'Alciat ont cette netteté.
Voicy ceux qui expliquent fon cent cinquieme tableau , qui reprefente le pouuoir de l'Amour
par vn petit enfant aiflé, qui couple des Lions à
fon char.

Afpic∗

Aspice vt inuictus vires auriga Leonis
  Expressus gemmâ pusio vincat Amor.
Vtque manu hac scuticam tenet, hâc vt flectit ha-
  benas,
  Vtque est in pueri plurimus ore decor.
Dira lues procul esto, feram qui vincere talem
  Est potis, à nobis temperet anne manus?

Il faut aussi tascher de renfermer cette explication en peu de vers, & de ne pas exceder le nombre
de ceux qu'on assigne à l'Epigramme qui sont au
plus quatorze ou seize, car comme ces vers sont
d'instruction ils ne demandent pas de longues sail-
lies. Quelques Autheurs ont passé ce nombre & ont
fait des Odes entieres ou des Silues sur de semblables peintures, mais ces pieces tenduës sont hors
d'œuure & ces vers ne tiennent plus de la nature
des vers Emblematiques, qui doiuent estre ecrits ou
grauez sous les images dans des Espaces qui ne reçoiuent au plus que huit ou dix vers, aussi Alciat ne
passe guere ce nombre.

En nostre langue le Sonnet, le Madrigal, & l'Epigramme sont les pieces les plus propres pour l'Embleme, & les seules dont il se faut seruir, les autres
estant trop longues. Monsieur de Gomberuille n'a
fait pour les siens que des quatrains, des sixains, des
huitains ou des dixains. Voicy comme il explique
celuy ou il enseigne *que la fortune ne fait pas le me-*
rite. Le tableau represente la fortune, qui caresse vn
Singe vestu d'habits Royaux, sous lesquels il ne
laisse pas d'estre Singe. La sentence est conceüe en
ces termes *fortuna non mutat genus* ; que ces quatre
vers expriment galamment.

Mange deſſous vn dais, dors dedans vn baluſtre
Sois fils de mille Rois, & petit fils des Dieux;
Si tu n'as la vertu, qui les mit dans les Cieux,
Tu ne ſeras qu'vn ſot illuſtre.

An quarante vnieme tableau de la ſeconde par-
tie il repreſente la mort inexorable aux prieres de la
Religion, de la Nobleſſe, de l'Eloquence & de la
Science auec ces huit vers.

Ce fameux orateur dont le puiſſant diſcours
Vſurpa ſans effort l'Empire de la Grece,
Manqua d'Eloquence, & d'addreſſe
Quand la mort vint trancher le filet de ſes iours.
Cent Rois pleins de cœur & de gloire
Ont perdu la clarté des cieux
Et le deuot Louïs, qui fut ſi cher aux Dieux
Ne vit plus qu'en noſtre memoire.

Les Italiens, les Eſpagnols, & les Allemands ſui-
uent noſtre Methode. Le Caualier Marin mit ce
Madrigal ſous vne ſtatuë de l'Amour abbatuë par la
foudre.

Non è non è Tifeo, non è Fetonte,
Che monte impone a monte,
O che per via ſiniſtra il carro moue,
Amor è queſti ò Gioue
Il miniſtro l'autor de tuoi diletti,
Perche dunque il ſaetti?
Ma ſaëttalo pur, non ſai che vole
Piu di mile tuoi fulmini vn ſuo ſtrale.

Alphonſe Ledeſma Eſpagnol n'a expliqué les
ſiens, que par des Tercets. Comme pour S. Sebaſtien
repreſenté par Icare volant.

Bolareys porque las plumas

F

De flechas enarboladas
Van en el pecho clauadas.

On affecte maintenant de faire entrer dans les
vers, la fentence ou le mot de l'Embleme, & on ne
s'en difpenfe guere dans nos Colleges. Comme l'an
1657. le fuiet des Emblemes de ce College reprefentoit les trois vertus Theologales. La Foy, l'Efperance, & la Charité. Entre ceux de l'Efperance il y
en auoit vn, qui portoit pour titre. *Spes Lugdunenfis.*
La peinture faifoit voir vn vaiffeau conduit par des
Amours fur vne mer enflée, & battuë des vents au
milieu d'vn air tranché d'Eclairs. Ces Amours tenoient le gouuernail, & les rames marquez des armes du Preuoft des Marchands & des Efcheuins
qu'il reprefentoient. L'Efperance eftoit fur la proüe,
qui tenoit au lieu d'anchre, vne croix anchrée des
armes de Monfieur l'Archeuefque. Et le mot eftoit,
Dabit Anchora facra falutem. Ceft Embleme faifoit
allufion aux troubles du Royaume, & à la fage conduite de nos Gouuerneurs, & de nos Magiftrats. Ce
que ces vers expliquoient.

> *Naufraga dùm laceris voluuntur fragmina velis*
>   *Diuifáfque quatit fœda procella rates;*
> *Nil metuit, quam ducit Amor, Rectore fuperba*
>   *Ipfa fuo imponit nobile pondus aquis.*
> *Si metuat, certa Dabit Anchora facra falutem,*
>   *Lugdunóque falus certa Camillus erit.*

L'allufion à l'hiftoire de Camille, qui deliura Rome, au nom de Monfieur l'Archeuefque, à fes armes,
& au prouerbe *Anchora facra* donnoient vne grace
particuliere à cette Epigramme.

Auffi doit on autant qu'il fe peut remplir ces vers
                                 de

de penſées delicates, puis qu'ils ne peuuent pas re-
cenoir les inuentions des Poëmes. La plûpart des
Modernes ont fait de vrayes Epigrammes, auec des
pointes pour expliquer leurs Emblemes. Le P. Balde
y a merueilleuſement bien reüſſi dans ceux qu'il a
faits de la vanité du monde. Voicy les vers des
vainqueurs vaincus.

> *Ludus luditur iſte, qui triumphat,*
> *Cras ductus ferietur in triumpho.*
> *Hic, qui ſquammeus ardet in metallo*
> *Cras damnabitur ad metalla foſſor.*
> *Charus Regibus, & leuatus altùm,*
> *Cras à legibus altiùs leuatur.*

L'Autheur du tableau du monde nous repreſente   *Typus*
vn petit Amour piqué des abeilles en voulant pren-   *Mundi.*
dre du miel dans leurs ruches, & la deuiſe du tableau eſt *vt potiar patior.* Les vers ſont ceux-cy.

> *Stulte Cupido caue, nocet empta dolore voluptas,*
>   *Quantula quàm certis fœta volupta malis!*   *Flores*
> *Si tibi delicias mundus, ſi mella propinat,*   *ſiues.*
>   *Toxica mellità perfida fronte bibes.*
> *Heu! ſpoliare opibus nequidquã aluearia tentas,*
>   *Vt patiare tamen non potiere fauis.*

Ces beautez ne manquent pas aux vers de Monſieur de Gomberuille. Voicy ceux du quarante
deuxieme tableau des tombeaux des Princes.

> *Tombeaux de Iaſpe, & de Porphyre,*
> *Tiltres d'or, vaſes precieux,*
> *Ce que vous offrez à nos yeux*
> *Nous eſt vn grand ſuiet de rire.*
> *Ces Ceſars & ces Alexandres,*
> *Qui font vos plus riches treſors;*

Que sont ils qu'vn reste des cendres,
Que la flamme a fait de leurs corps.

Quand on fait peindre ces vers au dessous des tableaux il faut auoir egard à la forme des Cartouches
dans lesquelles on les peint. Si ce sont des Emblemes
Heroïques apres vne victoire signalée, il faut mettre
ces Epigrammes dans des couronnes de Lauriers,
entre des Palmes, & des trophées, sur des peaux de
Lions, entre des renommées, &c. Si c'est pour vn mariage il faut les mettre dans des guirlandes de fleurs,
entre des flambeaux d'Hymenée, &c. On met ordinairement les vers des Emblemes d'amour dans
des cœurs. Comme à la naissance de sa Maiesté tous
les vers des Emblemes de ce College, estoient dans
des Cartouches faites de Dauphins, & aux funerailles du feu Roy, les Cartouches representoient des
tombeaux antiques autour desquels estoient des
Amours, ou des Lions pleurans auec des flambeaux
esteints, quelques vnes estoient aussi faites en vrnes,
Cette année elles estoient toutes de cornes d'Abondance d'ou sortoient des fleurs & des fruits pour
representer la Paix.

Depuis qu'on a mis en vogue les Eloges, qui sont
d'vn style serré & plein de pensées, quelques vns
s'en seruent pour expliquer les Emblemes, & souuent ces inscriptions n'ont pas moins de grace, que
les vers.

L'Abbé Tesoro, qui a donné l'art de ce genre
d'ecrire en a fait d'excellens sur les Images des Pa-
triarches du vieil Testament, & des Cesars. Le Pere
Masculus sur celles de tous les Saints dont on celebre les festes durant le cours de l'année. Le P. Iuglaris

ris fur la vie de noftre Seigneur, fur les faints Euef-
ques d'Orient & d'Occident, fur la vie de S. Iean Baptifte, du feu Roy, & de Victor Amé Duc de Sa-
noye. Le P. Alberti fur les douze fondateurs des Re-
ligions, & le P. Boulo fur toute la vie de S. Ignace.
La defcription de la ftatuë de la femme de Loth fer-
uira d'exemple à ceux, qui voudront expliquer leurs
Emblemes par de femblables compofitions.

Quam ftupes muliebrem ftatuam
Tanto artificio fictam
Artifice caruit.
Genita fuit, & fine fcalpello fculpta
Et, quod impenfius mirere,
Olim fpirabilis & locuta.
Breui; fœmina fuit.
Dicerem, eft;
Nifi prodigium videretur
Fœminam effe & tacere, &c.

CHAPITRE IX.

De la fignification des Emblemes.

J'AY fait fuffifamment connoitre quelle eft la
fignification des Emblemes, quand ie les ay di-
ftinguez en Emblemes Sacrez, Moraux, Politiques,
Doctrinaux, d'Amour, Satyriques, & Heroïques. Les
premiers font des expreffions ingenieufes de nos
myfteres, les feconds font des leçons de Morale
pour la conduite de chaque homme en particulier,
les troifiemes expliquent les maximes du gouuernement, les quatriemes feruent à regler les eftudes,

les cinquiemes à expliquer les sciences, les sixiemes
à decouurir sa passion, les septiemes à railler, & à piquer auec esprit, & les huitiemes à loüer, & à representer les belles actions des grands hommes.   Le
Commentateur d'Alciat n'a pas bien reconnu ces
diuerses manieres de signifier les choses ; & la diuision, qu'il a faite des Emblemes est embarrassée
quand il dit. *Cæterùm ne hoc quidem prætermissum*
velim symbola & Emblemata, de quibus hoc agitur
libro, multiplicia esse & varia, quorum tamen rationem
multiplicem ad quosdam quasi cancellos renocare pos-
sumus. Quædam enim Historica sunt, alia Physica,
alia Ethica, & certè Allegorica; quibus aliquid peti-
tum à fabulis aut rerum natura ingeniosè ad mores vt
plurimùm traducitur. Historica sunt, ea quæ ducuntur
ex historys vt Leænæ statua ærea in acropoli Athe-
niensi posita, de qua 13. Emblem. Triumphus M. An-
tonij Triumuiri de M. Tullio interfecto 29. Emblem.
&c. Physica verò vt Bacchi & Palladis simulacris
eâdem ara erectis. 23. vt de Ciconiæ ἀντιπελαργία. *30.*
quæ tamen ad mores omnia mihi reduci posse facilè
videntur, quia ex ijs omnibus, quamquam non semper
ita perspicuè moralis sententia eliciatur.

Ie dis que cette diuision est embroüillée : pource
qu'il confond le materiel auec le formel. Car quand
il distingue les Emblemes en Historiques, en Physi-
ques ou Naturels, en Moraux & en Allegoriques,
les deux premieres especes & la derniere sont tirées
du materiel, qui les distingue, & a les prendre dans le
formel, ces trois especes peuuent estre comprises sous
la troisieme; puisque on peut faire des Emblemes tirez de l'Histoire, des choses Naturelles, ou des Allegories,

gories, qui feruiront à regler les mœurs. L'exemple
qu'il donne de l'Autel de *Pallas* & de *Bacchus* eft
pris dans le formel, qui eft de montrer la puiffance
du vin, & celuy des Cigoignes eft pris dans le materiel, c'eft à dire, qu'*Alciat* fe fert d'vne proprieté
de ces oifeaux pour faire vne leçon de Morale, &
pourtant fon Commentateur les confond fous vne
mefme efpece, quoy qu'à les prendres tous deux
dans le materiel l'vn foit hiftorique, s'il le prend du
cofté de l'Autel dreffé, ou Mythologique; s'il le tire
de la fable de ces deux diuinitez, & l'autre des Cigoignes purement naturel à le prendre dans l'inftinct
de ces oifeaux. Que s'il les prend dans le formel l'vn
eft naturel pource qu'il fert a exprimer vne chofe
naturelle, & l'autre moral comme i'ay fait voir.

La fignification eft donc proprement la penfée,
que l'Autheur de l'Embleme veut exprimer par fes
figures, & par fes vers, & comme la parole, & le
difcours font les interpretes de nos fentimens, la
peinture & la Poëfie, font les truchemens des penfées ingenieufes, que nous voulons exprimer pour
l'inftruction publique des hommes. Il refte à confiderer de quelle façon on peut exprimer ces fentimens, & de quelle maniere on fe fert pour fignifier
les enfeignemens de la Morale, apres que nous auons
conuenu des chofes qu'on peut enfeigner, & que
nous auons trouué toutes les Efpeces differentes des
Emblemes à les prendre dans le formel. Il les faut
maintenant examiner dans le materiel, & voir de
quelle façon les figures procedent au formel.

L'Embleme Hiftorique eft fondé fur la réflexion,
qu'on tire du fuccez d'vne action, de fon motif &

de ſes circonſtances. Comme la ſingularité du triomphe de Marc-Antoine, qui coupla des Lions à ſon char a donné occaſion à Alciat de l'appliquer aux perſonnes les plus genereuſes; & les plus farou-ches, qui peuuent eſtre vaincües & ciuiliſées *etiam ferociſſimos domari.* Car comme ce general d'armée fut le premier qui fit voir dans Rome des Lions ſous le ioug, quoy qu'il n'ayt pas eſté le plus genereux des Romains. Son deſſein ayant eſté de faire con-noitre qu'il viendroit a bout des plus puiſſans. Alciat s'eſt ſerui de ce motif d'Antoine pour faire vne in-ſtruction vniuerſelle d'vn ſentiment particulier.

Si l'Embleme Hiſtorique, ſert à exprimer vne action Heroïque il eſt fondé ſur la comparaiſon, & ſur le rapport d'vne action ou d'vne vertu à vne au-tre, comme en l'Hoſtel de Ville la pieté d'Alexandre, qui brule l'encens auec profuſion ſur les Autels, re-preſente la pieté de ſa Maieſté.

Le Fabuleux eſt appuyé ſur l'application des my-ſteres de la gentilité, à nos mœurs, aux myſteres du Chriſtianiſme, & aux autres choſes ſemblables : ſi la figure eſt priſe de la vie de quelque Heros fabuleux l'application ſera la meſme, que celle de l'Embleme Hiſtorique.

Le Naturel eſt fondé ſur la conuenance des qua-lités des corps naturels auec les mœurs, les vices, & les vertus. Comme l'inſtinct des Cigoignes à porter leurs peres, quand ils ſont vieux eſt vne image de la pieté des enfans enuers leurs peres.

Les Artificiels ſont eſtablis ſur le rapport de l'v-ſage des inſtrumens des Arts, ou des choſes artifi-cielles auec les enſeignemens Moraux & Politique.

Comme

Comme vn Luth bien accordé fait vne harmonie
agreable, & vne ville bien vnie fait vn accord merueilleux, le rabbot polit en ecorchant, & les chasti-
mens seruent à perfectionner.

L'Allegorique ne consiste qu'en la fiction. C'est à
dire, que l'Autheur de l'Embleme met en figures les
choses, qui composent l'enseignement qu'il veut
donner. Commme pour dire que tout obeït à l'argent, qui est vne sentence commune. *Pecuniæ obe-*
diunt omnia. Monsieur Gomberuille a representé l'argent sous la forme d'vn Roy assis sur le trone, tenant'de la gauche vne bourse, & de la droite vn sceptre surmonté d'vne pistole. En suite pour expliquer
ce mot *omnia* il a representé la Religion, la Nobleffe, la Vertu, la Science, la Renommée, & la Sagesse,
qui flechissent les genoux deuant luy, tandis que des
chapellets, des sceptres, des armes, & des liures sont
attachez autour de son Dais comme autant d'ana-
themes, & de vœux rendus à cette diuinité aueugle.
De mesme Tesoro pour representer l'insolence de la
Fortune qui se ioüe des grands, & pour exprimer en
couleurs cette sentence : *Fortuna ludum ludit inso-*
lentem, represente la Fortune, qui ioüe aux cartes
auec vn Heros & qui ne luy donne que des As &
des Valets, ou qui prend les Rois auec ces mesmes
As. Bochius pour faire vn Embleme de celle-cy:
Bellua fit, cæca statuit, qui credere forti, represente la
Fortune, qui oste la teste à vn caualier, & qui luy en
met vne de Lion, vne de Tygre, & vne d'Aigle.

Quelques vns representent dans le tableau mesme son application. Comme au premier de Reiffem-
berg on void vn diamant dans vn plat auec du sang

F iiij

de bouc, & çe mot *fanguine mollefcit*, & fur vn
coin du tableau vn Prince fur vn trone, qui reçoit
vn fuppliant, qui fe prefente à luy chargé de fers.
Au neufuieme, où yne main leue vn voile, qu'il applique à la clarté des Lois, on void dans le fond vn
Aduocat, qui plaide au milieu des Iuges. Gomberuille
a fait le mefme au troifieme tableau.

La fignification de l'Embleme doit toufiours eftre
ingenieufe, pour auoir l'aggréement, & enfeigner
auec plaifir, qui eft le dernier effort de l'efprit, & le
chef d'œuure de l'Art, comme dit Horace.

Omne tulit punctum, qui mifcuit vtile dulci.

Dans les Emblemes d'Amour, on affecte fouuent
la fignification ambigue, afin, que chacun ne con-
noiffe pas les effets de cette paffion, qu'on ne veut
decouurir qu'à la perfonne que l'on aime. Ainfi fouuent il y a des Emblemes, qui femblent Heroïques,
qui font des Emblemes Amoureux, & Sanfouin a
crû que quelques colliers des Ordres n'eftoient dans
la penfée de leurs inftituteurs que des chiffres, &
des deuifes d'Amour.

On a dit le mefme de la deuife de Henry I I. & de
celles de plufieurs Caualiers. Il eft vray que fouuent
la medifance fait ces applications, pour nuire à l'E-
clat des perfonnes, qui n'ont que des penfées Heroïques, comme on a pris plaifir de trouuer des
fens ridicules fur le chiffre celebre des Romains,
S. P. Q. R.

Les autres Emblemes doiuent auoir vn fens net
& facile, pource qu'ils font faits pour inftruire, particulierement les Doctrinaux, pource qu'en ceux-là
on n'emprunte le fecours des images, que pour
rendre

rendre plus intelligibles les principes les plus em-
broüillés des Arts &des Sciences ; & l'on tafche de
donner du corps aux idées,qui n'en ont point,pour
attacher l'imaginatió, qui eft vagüe & peu arreftée.

C'eft auffi cette netteté,qui diftingue l'Embleme
de l'Enigme,comme i'ay remarqué ailleurs.

Les figures des belles chofes font les plus propres
à fournir des fens riches , & magnifiques. Tous les
Emblemes qui fe tirent des Aftres,ont vn eclat particulier, qui femble comme reflechy des corps, qui
en formét la peinture;& comme les qualitez des Aigles,& des Lions, font plus parfaites,& plus nobles
que celles des rats,& des chauuefouris, les applications,que l'on fait de ces qualitez font auffi plus nobles que celles que l'on tire des proprietez des animaux qui font plus vils.

CHAPITRE X.
De l'vfage des Emblemes.

LES Emblemes ne furent au commencement
chez les anciens,que de fimples ornemens des
meubles & des cabinets, comme tous les Autheurs
Grecs & Latins des fiecles fçauans nous l'apprennent. Les feuls Emblemes Allegoriques eftoient in-
ftructifs,encore demeurérét ils long temps fans applications , iufqu'à ce que diuerfes perfonnes entre-
prirent à diuers temps de les expliquer en vers. Ce
font ces explications , qui font venües iufqu'à nous
fous le nom de recueil d'Epigrammes,qu'on trouue *Florilegius*
dans le corps des Poëtes Grecs. *Epigramn.*

O₁

On en expofoit aux places publiques, & dans les galeries, comme les Dialogues de Lucian, les ftatuës de Calliftrate, & les plates peintures de Philoftrate le iuftifient. La Colomne que Lucian decrit dans fon Toxaris eftoit vne inftruction publique de l'amitié, & la premiere leçon, que les Scythes tout Barbares qu'ils eftoient enfeignoient à leurs enfans.

On les confacroit auffi dans les temples, comme le Tableau de Cebes, qui eftoit dans le temple de Saturne.

Le principal vfage de ces peintures a efté d'inftruire les hommes, & de leur enfeigner les bonnes mœurs. I. Daniel Snecan, qui a fait des notes fur le tableau de Cebes temoigne, que les anciens s'en font fouuent ferui pour cette fin. *Etenim antiquiffimam fuiffe hanc confuetudinem inftituendi, hortandique mortales fimilibus ductis à rebus fenfui obuijs ad ea quæ illis fic non funt expofita, conftat tùm è Platone, alijfque profanis fcriptoribus, tùm etiam è myfticis litteris, quæ ab ifta agendi ratione quoque non abhorrent.*

Mais depuis que les Emblemes ont efté mieux connus on les a employez à diuerfes chofes, & l'on en fait à prefent les ornements des Arcs de triomphe aux entrées des Souuerains, & l'appareil de leurs funerailles. On en dreffe les pompes des Colleges, & il eft peu de Palais & de maifons de campagne, où ces peintures ne foient receües. A dire le vray ce font des tableaux plus vtiles que les auantures de Theagene & de Polexandre dont tant de galeries font remplies. On s'inftruit en ceux-cy en fe diuertiffant, tiſſant, au lieu que les autres ne ſont que d'agreables chimeres, & des fables en Or & en Azur.

A l'entrée du feu Roy dans cette Ville, le ſuiet de l'appareil eſtoit *l'entrée du Soleil au ſigne du Lyon.* Sur le premier Arc de triomphe on auoit repreſenté pour Emblemes, le Palais du Soleil comme il eſt décrit par Ouide. C'eſt Aſtre ſous la forme d'vn Roy eſtoit aſſis ſur vn trône de lumiere entouré des ſix autres Planetes, & des douze Signes ſous la forme d'autant de courtiſans. Et la deuiſe eſtoit:

    Ex vno ducentia lumina Sole.

ce tableau repreſentoit, que le Roy fait l'eclat de tous les Princes & de tous les Seigneurs de ſa Cour.

Phaëton abbatu auec ce vers:

    Legitimum tantum patiuntur habena,

faiſoit alluſion aux deſordres de la ligue.

Le Lion de Samſon dont ſortoient des eſſains d'a-beilles repreſentoit les Pennonages de cette ville, qui ſortoient pour aller au deuant de ſa Maieſté.

Aux funerailles du Prince Thomas de Sauoye faites à Turin, ſous le ſymbole du Soleil mourant a l'occaſion d'vne Ecliple, qui preceda ſa mort de quelques iours, on auoit repreſenté en Emblemes quinze conſtellations appliquées à ſes vertus, & aux plus belles actions de ſa vie. Ces Emblemes eſtoient expliquez par autant d'Eloges. Voicy celuy de la conſtellation d'Hercule, qui ſera comme la montre de tous les autres.

    Tuos in Thoma metire labores, Hercules.
      Prauertens & hic annos victorys
  Antè palmas retulit, quam propè noſſe poſſet.
                  Multi

Multiplices obiecit Iberia Geryones,
Quos armis ferreus proruerer.
Feroces commisit Gallia populos,
Quos consilijs aureus leniret,
Inter tot labores
Seipsum vicisse, maximum puta.

Aux pompes des Colleges, les Emblemes sont plus
reglez, pource qu'on choisit des suiets qui leur sont
propres. Comme en celuy-cy, on a representé vne
année *les trois vertus Theologales;* vne autre trois titres de Nostre Dame, *Maria optima, Maxima, po-*
tentissima, vne autre *l'eclat des trois races de nos Rois.*
vne autre fois *l'Eloquence, la Poësie, & l'Histoire,*
qui respondent aux classes de Rhetorique & d'Hu-
manité & à la troisieme, qui sont les trois, qui pro-
posent les Emblemes, dont le dessein est tousiours
triple pour faire allusion au mystere de la Trinité,
qui est la feste de ce College, & le iour auquel en
expose ces peintures sçauantes.

On met encore ces peintures sur les manteaux des
cheminées, dans les lieux publics, comme sont les
Arsenaux, les Bibliotheques, les Eglises, les Cloistres
des maisons religieuses, sur les Drapeaux de guerre,
sur les Vaisseaux, &c. Il faut pour ce suiet tant qu'il
se peut s'accommoder aux lieux ou l'on expose ces
tableaux. Comme si c'est vne maison de Campagne,
les plus propres sont ceux, qui conuiennent aux exercices de la campagne comme les Bergers, qui gar-
dent les troupeaux, des pescheurs, des laboureurs,
&c. ou des histoires, qui se sont passées dans les Bois,
dans les Iardins, prés des Fontaines, &c. Comme la
fable de Narcisse, celle de Daphné, & la plûpart des
Metamor

Metamorphoses. Pour les Eglises les figures du vieil Testament, & les histoires Ecclesiastiques sont les plus propres. Pour vn Arsenal les combats, les stratagemes de guerre, les armes, &c. Pour vn cloistre religieux les solitaires de la Thebaïde, les mysteres de la vie religieuse,&c. Pour faciliter cette pratique ie crois qu'il ne sera pas hors de propos, que i'en fasse icy quelques-vns,qui puissent seruis d'Idée.

EMBLEMES
POVR VNE EGLISE.

On pourroit prendre les tableaux sacrez, que le P.Richeome a appliquez au S.Sacrement.

Les peintures de l'Eglise de ce College representent les vertus,qui viennent à vn sacrifice, des Anges apportent l'Autel fait à l'antique, la Religion y vient auec l'encensoir & le flambeau allumé, la Foy auec la Croix, le Calice, & l'Hostie; l'Obeissance comme aueugle y est conduite par vn Ange vestu en Amour, la Mortification y vient auec la discipline en main,&c.dans tout le tour de l'Eglise on void les instrumens des sacrifices Anciens portez par des Amours des flambeaux allumez,des trompettes, des vases, &c.

On pourroit de toutes les actions, qui sont decrites dans la Genese des tableaux d'instruction pour vne Eglise. Le Paradis terrestre representeroit l'Eglise, & l'arbre de vie le S.Sacrement; ou la Croix du fils de Dieu.

L'Ange à la porte du Paradis terrestre representeroit la Iustice de Dieu. Le sacrifice d'Abel

la

la priere du Iuste, & celuy de Caïn, celle de l'im-
pie, &c.

EMBLEMES
POVR VN ARSENAL.

Sur la porte. L'ouuerture du mont Etna où des cyclopes trauailleroient à des foudres. *Superis hic tela parantur.*

Sur les greniers à poudre. Des Soldats qui porte-roient des caques & des barrils dans vn grenier sur la porte duquel on verroit la mort auec sa faux en main. *Hæc implet seges Horrea Mortis.*

Sur le ieu de quilles. Vn bataillon dressé comme on dresse les quilles & la mort, qui mettroit le feu à des Canons d'ou sortiroient des boulets. *His ludit Mors atra globis.*

Pour le Iaquemar du Tymbre vn Mars armé. *In statione vigil Mars excubat omnibus horis.*

Pour le iardin Flora, qui feroit vne palissade de rosiers autour des fleurs. *Nihil hic inerme ne flores quidem.*

POVR LA GALERIE
D'VN SCAVANT.

EMBLEME PREMIER.
La difference des Esprits, quoy que les ames soient de mesme espece.

La Nature, & Promethée forment des images humaines les vnes de boüe, les autres de bronze quelque quelques vnes de bois, d'autres d'or, d'autres d'argent & d'autres de chryſtal, tandis que Iupiter prend les rayons du Soleil, & les enferme dans ces corps pour les animer. Les corps de chryſtal en paroiſſent tout eclatans, & augmentent la lumiere, qu'ils reçoiuent; ceux de boüe ſont tout obſcurs, ceux d'or & d'argent reflechiſſent ſeulement la lumiere au dehors, & ſont ſombres au dedans, & ceux qui ſont faits de niies, n'ont de la lumiere que par eclairs.

EMBLEME SECOND.
Les differentes conditions des hommes.

La Fortune prend des ſtatuës de Boüe qu'elle dore; la Science en polit quelques vnes, que la natare auoit laiſſées trop brutes; & la Vertu en forme en Heros, en Saints, & en Coloſſes.

EMBLEME TROISIEME.
L'Education de l'Eſprit.

Les Muſes prennent le ſoin de l'Eſprit, & le cultiuent dans vn bois de Lauriers. L'vne luy apprend à lire ſur vn Cynocephale, qui eſt vn animal marqué de caracteres, ſur l'Hyacinthe, qui eſt vne fleur lettrée, & ſur de vieilles inſcriptions, du temple de la gloire. Vne autre luy apprend a ecrire en luy faiſant grauer ſur les ecorces des Lauriers les images de ſes penſées. Vne autre luy enſeigne la Muſique ſur les notes du chant des Oyſeaux; Vne autre luy apprend l'hiſtoire de tous les ſiecles en luy mon-

G

trant les ftatuës des Heros, qui font dans le temple de la gloire, auec les images de leurs belles
actions.

EMBLEME QVATRIEME.

Les diuertiffemens de l'efprit.

Plufieurs Genies ioüent auec l'efprit pour le diuertir. L'vn luy montre à dreffer vne armée fur vn
Echiquier auec les pieces du Ieu. Vn autre luy montre fur vn port de Mer des eftrangers de toutes fortes
de nations, & luy fait obferuer leurs habits, leurs
mœurs,&c.Vn autre luy montre dans vn iardin des
carreaux de fleurs façonnez en baftions,& en figures de fortification. D'autres luy ioüent vne tragedie
fur vn theatre magnifique; enfin d'autres ioüent
auec luy aux cartes de l'hiftoire, de la Geographie,
& du Blafon.

EMBLEME CINQVIEME.

L'alliance de l'Efprit & de la Science.

L'Efprit & la Science fe donnent la main, & le
temps leur fert de Paranymphe. La renommée,
la gloire, l'immortalité, fuiuent la Science & portent fa dote qui confifte en couronnes de Lauriers,
en Mitres & en Thiares, en Liures, & en cent
marques d'honneur. D'autre part l'Efprit offre à la
Science l'eftude, le trauail, l'affiduité, la memoire, la
reflexion, & l'attention pour la feruir.

EMBLEME

EMBLEME SIXIEME.

Les presens des Sciences, & les seruices des Arts,
dans la famille de l'Esprit

Les Sciences pour contribuer à la magnificence
de la nopce de leur Reine viennent parer l'Espoux
des ornemens de leur maistresse. La Logique luy
presente vn miroir en main pour se reflechir sur soy
mesme, tandis que la Morale compose son exterieur, la Metaphysique le decrasse, la Physique luy
fait vne couronne d'Astres, des tours de Perles, &
de Diamans, & l'enrichit de tout ce que la nature
à de plus beau. Les Arts contribuent aussi de leur
part à cette feste. La Musique donne le bal à toutes
les operations de l'Esprit pour entretenir leur harmonie. La peinture luy fait les tableaux de ses idées,
& les donne à la Memoire pour les conseruer. L'Ar-
chitecture luy bastit vn Palais pour loger tous ses
ouurages, ou l'Ordre les place selon leurs facultez.

L'Imprimerie fait diuerses copies de ces ouurages,
& les donne à la Renommée & à la Curiosité pour
les porter par tout le monde. L'Arithmetique tient
registre de ses reuenus, tandis que l'Astronomie par
le mouuement de ses Astres luy prescrit le temps du
trauail & du repos.

On se sert encore des Emblemes pour les fron-
tispices des Liures, & pour les planches des Theses.

Ceux des premieres pages des Liures peuuent
auoir quatre occasions differentes : car ou ils se font
pour la personne qui à composé le liure; ou pour
celle à qui on le dedie; ou pour le Libraire qui le
vend; ou pour la matiere dont le Liure traite

Pour le premier & pour le second il faut auoir
egard aux noms, a la profession, aux qualitez & aux
inclinations des personnes, ou à leurs armes, qui peuuent souuent fournir des desseins ingenieux.

Pour la personne, qui a composé l'ouurage. Nous
trouuons des deuises, & des Emblemes affectez a
quelques Autheurs, qui s'en sont constamment seruis dans tous leurs ouurages. Comme Erasme auoit
pour sa deuise le Dieu *Terminus*, auec ce mot *cedo
nulli*, qui estoit vne deuise ambitieuse, & peu propre
à vn homme d'esprit, qui doit auoir des sentimens
plus modestes.

Pour le *Pharus Scientiarum* du P. Izquierdo de
nostre compagnie qu'il dedioit à IESVS-CHRIST,
comme à la source de toutes les lumieres. I'ay fait
grauer vn CHRIST dans le corps du Soleil, dont les
lumieres reiaillissent dans le Ciel & font la lumiere
de gloire pour les Saints, quelques Rayons tombent
sur la terre & sont receus du costé droit par les Phi-
losophes Payens, qui n'en ont que de petits eclairs
a trauers vne nué espaisse. Du costé gauche les Saints
Peres, & les Ecriuains du Christianisme reçoiuent
des rayons epurez auec cette deuise *resplandece
l'Isquierdo* le gauche est eclairé & brille de la lumiere d'uine. Cette deuise fait allusion au nom de
l'Autheur de l'ouurage, & tire sa grace du rapport
qu'elle a auec *l'Intonuit læuum*, des Anciens, qui
estoit la marque d'vn heureux presage.

On en fait beaucoup plus pour les personnes a
qui l'on dedie les ouurages, comme a fait Monsieur
Perrin en dediant sa traduction de Virgile en vers
François à Monsieur le Cardinal.

Le P. Esparza, qui a dedié sa Theologie au Pape
a mis en teste de ses liures des chesnes que des peuples viennent consulter pour ouyr leurs oracles,
d'autres, qui font des couronnes de leurs branches,
auec ce vers.

Nunc melius pascunt redduntque oracula quercus.

Il fait allusion aux armes de sa Sainteté, qui sont
écartellées de celles de la Maison de Rou re ; qui
porte d'Azur au chesne d'or, & à la credulité des
Anciens, qui consultoient ces arbres comme des di-
u nitez, c'est aussi le propre du souuerain Pontife de
prononcer les oracles sacrez de l'Eglise. Pour les
armes du Pape, qui font des montagnes auec vne
estoile, il prend occasion de comparer sa Sainteté à
Atlas, & de luy appliquer ce vers pour symbole de
sa charge.

Axem humero torquet stellis ardentibus aptum.

La matiere des liures fournit aussi de beaux suiets,
particulierement leur titre. Comme le P. Iuglaris
pour son liure de l'instruction des Princes qu'il inti-
tule la *Scuola de la verità aperta a Principi.* A fait
representer la verité, qui instruit des Princes, & particulierement le Duc de Sauoye à qui l'ouurage est
dedié. Le P. Caussin pour sa cour Sainte a representé
dans le Ciel vne trouppe de Rois & de Princes, &
en bas sur vne haute montagne la Sainteté au milieu des flammes & des espines. Elle tient d'vne
main vne estoile, & de l'autre vne couronne & vn
sceptre. Deux petits Amours tiennent deux rouleaux
dont l'vn dit, *secura inter spinas*, & l'autre *intacta
inter flammas.* Ce sont les deux miracles des cours
Saintes de conseruer la verité dans les soins des

G iij

premieres charges, & dans les occasions frequentes
du crime.

Comme presque tous les liures sont ou Moraux,
ou Doctrinaux, ou Historiques, il est facile de former
de beaux suiets d'Emblemes sur ces matieres. A l'entrée de mon veritable Art du Blason i'ay mis la Fortune assise sur vn trophée, tenant vn bouclier en
main sur lequel la Vertu trace des figures tandisque
la renommée le couronne, pour montrer que c'est
vn auantage de la Fortune de naistre Noble, & d'a-
uoir pour base les belles actions de ses Ancestres,
mais qu'il faut que la valeur en conserue les marques, & que la reputation les couronne. Ce qui est
expliqué par ces deux vers.

Nobilium est Fortuna basis, molimina virtus
Inscribit gentis clypeo dum Fama coronat.

Pour les Libraires, leurs noms, leurs enseignes, ou
leurs marques fournissent les suiets des Emblemes.
Comme Simeon Piget Libraire de Paris, à l'enseigne
de la Fontaine, a pris pour Embleme cette mesme
Fontaine, & faisant allusion à son nom, & au mot
Grec ΠΗΓΗ, qui signifie vne Fontaine il l'a accom-
pagnée de ce vers Grec.

Η ΣΟΦΙΑΣ ΠΗΓΗ ΕΝ ΒΙΒΛΙΟΥΣΙ ΡΕΕΙ.
c'est à dire, *La Fontaine de la sagesse coule dans les*
Liures.

Mais Messieurs Borde, Arnaud & Rigaud associez
en cette ville ont pour leur marque vn Embleme
autant ingenieux, qu'on en puisse inuenter. Pource
qu'ayant esté autre fois separez ils auoient pour enseignes l'vn le Temps, l'autre la Vertu, & l'autre la
Fortune. Estant vnis en societé, ils ont ioint ces trois
                                                    enseignes

enfeignes en vn feul Embleme, qui reprefente le
Temps qui tire vne charrüe, que la Vertu conduit,
& la Fortune qui feme : auec ce vers.

Semina Fortunæ geminat cum Tempore Virtus.

Les deffeins des planches des Thefes ne font pas
differens de ceux des Liures, referué qu'on les peut
prendre fur le nom, ou fur l'Academie ou elles doiuent eftre foutenuës. Comme on fait ordinairement
au college Romain, dont la deuife eft vn Ayman,
qui attire des Anneaux de fer, auec ce mot *Arcanis
nodis.* Car on y a pris fouuent à l'occafion de cette
deuife de beaux fuiets d'Emblemes de Thefes; comme vn Iuppiter, qui tient en main vn Ayman, qui
attire par des Anneaux tous les Dieux, & les inftrumens qui leur feruent de fymboles, l'Efpée de Mars,
la Faux de Mercure, le Trident de Neptune, la Faucille de Ceres, &c.

Les Emblemes, qu'on met fur les manteaux des
cheminées doiuent auoir du rapport au feu, ou en
leurs figures, ou en leurs applications. Ceux des vaif-
feaux à l'eau, & ceux des Iardins aux fleurs & aux
plantes.

Comme fur la porte d'vne maifon de campagne
d'vn Confeiller i'ay fait mettre la Iuftice, qui fort du
tumulte d'vne ville, & qui laiffant fon Efpée & fa
Balance prend des guirlandes de fleurs & de fruits
de Flore & de Vertumne, & la Faucille de Ceres.
Et fur la cheminée d'vne maifon d'affemblée des
Magiftrats la Iuftice veftuë en Veftale, qui r'allume
fur vn Autel le feu efteint en receuant les rayons
du Soleil fur vn Miroir, pour montrer que la Iuftice
des hommes n'eft qu'vn reialliffement de la Diuine.

CHAPITRE XI.

De la maniere de faire les Emblemes.

VOicy la pratique de l'Art que i'ay enseigné
& la maniere de faire ces tableaux sçauans
dont i'ay donné les regles sur la pratique Ancienne
& Moderne.

La Nature, l'Histoire, la Fable, les Arts, les Pro‑
uerbes, les Sentences, les Apologues, & la Poësie
sont les grandes idées sur lesquelles on forme ces
peintures.

Pour la Nature il ne faut qu'obseruer les proprie‑
tez des choses, comme la rapidité du Ciel, la lumiere
des Astres, les qualitez des Elemens, l'instinct des
Animaux, les vertus des Plantes, &c. & appliquer
par rapport aux choses Morales toutes ces choses
naturelles. Il faut pour ce siiet s'accoutumer à faire
des applications de toutes les choses qui se présen‑
tent à nos yeux. Comme quand ie voy qu'vne pe‑
tite pierre iettée dans l'eau fait vn petit cercle sur
la surface de l'eau, ce petit vn autre plus grand, enfin
ils se multiplient tellement, que toute la surface en
est couuerte.

Ie puis faire diuerses applications sur ce suiet.
Premierement en matiere de Morale, qu'vne faute
legere mene aux plus grandes, & en traine plusieurs
autres en queüe. En fait de Science, qu'vne petite
erreur, qui semble legere, conduit insensiblement
aux plus enormes, & les multiplie. Quand ie voy les
vaisseaux, & le bois qui flottent sur l'eau, au con‑
traire l'eau & l'argent, qui vont à fond; ie puis ap‑
                                              pliquer

pliquer cela au peuple, qui ne souffre que les charges
legeres, & qui ne sçauroit supporter les pesantes
quelque auantage, qu'il y pût trouuer. Ces reflexions sont les sources fecondes de toutes les belles
pensées, l'esprit s'affine en ce trauail, & se rend ces
applications si familieres qu'il les fait sans peine. Il y
a mesme du plaisir à reconnoître les diuerses inclinations des personnes, quand on fait ces reflexions
en conuersation. Car vn homme spirituel applique
ordinairement toutes choses à la deuotion, & à la
pratique de la vertu. Vn sçauant aux sciences, vn
enioüé à la raillerie, vn Politique aux maximes
d'estat, & vn homme du siecle à la galanterie. L'Inclination cause en nous cette facilité, que l'habi-
tude rendra plus vniuerselle, & propre de toutes
sortes de suiets.

Vn vieil arbre mourant, qui pousse des reiettons
montrera vn pere, qui reuit en ses enfans.

Vne riuiere, qui court, le temps qui s'ecoule sans
retourner. C'est la le grand liure du monde où les
Saints & les sçauants se sont instruits.

Pour l'Histoire, il y a vne methode particuliere,
que i'ay des-ja touchée en passant. Les Annales des
siecles, qui nous ont precedez ne nous representent
que les mœurs des peuples, & leurs ceremonies, les
actions des grands hommes, & leurs inclinations. Or
il n'est aucune de ces actions, qui ne soit accompa-
gnée ou de passion, ou de vice, ou de vertu.

Il y a mesme souuent plusieurs passions, plusieurs
vices, ou plusieurs vertus, qui paroissent dans vne
seule action. Il est de l'addresse de celuy, qui lit ces
actions, de les considerer soigneusement, & il ne luy

sera pas difficile de voir si elles sont vertueuses, ou vitieuses, & quel succez elles ont eu. Comme quand ie lis dans l'histoire que Manlius fit mourir son fils, pour auoir donné combat sans ses ordres, quoy qu'il eut esté victorieux cette action me fait connoitre, que la soumission, & l'obeissance, est vne vertu plus recommandable, que la valeur la plus heureuse. Pour en faire donc vn Embleme, ie n'ay qu'à reduire en sentence cette reflexion, en cette forme, *Melior est obedientia quam victoria*, & faire peindre l'action de Manlius pour vn Embleme tiré de l'histoire. Quand ie trouue qu'Auguste fit ouurir le tombeau d'Alexandre, & qu'il mit vne couronne d'or sur sa teste la reflexion, que ie puis faire est que la memoire des grands hommes est venerable, & que la valeur est immortelle, & digne de recompense dans tous les temps. Le grand Theatre de la vie humaine ne contient autre chose, que l'histoire digerée sous de semblables chefs. Ce liure peut seruir d'idée à ceux, qui commencent, qui apres vn exercice assidu de quelques iours trouueront, qu'ils n'ôt plus besoin d'aucune aide pour faire ces reflexions. Cette maniere de lire l'histoire forme le iugement, imprime plus fortement dans la memoire les belles actions, instruit à regler les mœurs & les estats, & fait vn homme sçauant.

On peut à proportion pratiquer le mesme pour la fable, mais outre ces reflexions, il faut tascher de penetrer les mysteres des Anciens, & de decouurir la cause de leurs ceremonies. Car ce n'est pas sans raison, qu'ils ont representé leurs Dieux sous tant de formes si differentes & si bizarres ; & il ne faut pas nous

nous imaginer, que tant de sages testes ayent adoré des chimeres sans quelque apparence de verité. En effet nous voyons dans les liures des plus eclairez, que les figures de leurs Dieux representoient les choses naturelles, & que les adulteres de Iupiter, ne signifioient, que le concours des corps celestes à la production des plantes & des animaux. Ce seront donc ces sens deueloppez, qui pourront seruir à former des Emblemes de la maniere de celuy de la statuë de Bacchus, que i'ay expliqué ailleurs.

Les ceremonies des peuples, & les euenemens de l'histoire peuuent aussi fournir de beaux suiets. Zenobe *cent. 6. ad 25.* remarque qu'autre fois les Thyesteens ne sacrifioient que des os. *Thyestaj dijs ossa sacrificant ipsi carnibus vescuntur.* Le P. Eusebe Nieremberg en a fait vn Embleme sous ce titre. *Deo non de superfluis.* Pausanias dit que la Venus qu'adoroient les Mantineens estoit noire. Ce mesme Pere en a fait vn Embleme sous cet autre titre, *Vitia amant tenebras.* S. Chrysostome a remarqué en son homilie 64. que certains peuples sacrifioient à Mars, dont ils tenoient la statuë enchaisnée sur vn Autel. *Sicut Idolum lapidem templis, sic aurum auari claustris & vestibus sepiunt, pro templo arcam praeparantes, deindè adorant ipsi, quod concluserunt, oculósque, & animum malunt quam thesaurum perire.* Le P. Eusebe en a fait vn autre Embleme sous ce titre, *Auari iniqui cultores pecuniae.*

Les Euenemens de l'histoire sont d'autant plus beaux, qu'ils sont plus singuliers, comme le braue Cynægire ayant eu les deux bras coupez en vn combat naual, prit le vaisseau ennemy auec les dents pour

pour se tenir. On en a fait vn Embleme contre les
fanfarons sous ce titre. *Debilibus lingua est pro manu.*
Apélles peignit Antigone en pourfil pour coûurir le
defaut d'vn œil qui luy auoit esté creué ; cet euenement à donné occasion à cet Embleme. *Virtus etiam
aliena vitia corrigit.* Et on pourroit du cheual de
Troye dont sortirent les Grecs, pour surprendre la
ville, faire vn Embleme de la gourmandise & mettre pour sentence *A ventre clades.*

Les Euenemens, que les Poëtes ont inuentez, sont
d'eux mesmes des Emblemes ingénieux, qui n'ont
besoin d'aucun autre artifice, & il ne faut que les representer en peinture pour auoir des tableaux des
mœurs. Anacréon est vn des plus heureux à former
ces euenemens, & il a peu d'Odes, qui ne puissent
faire le suiet d'vn tableau.

Dans la troisiéme il feint que l'amour frappa de
nuit à sa porte, & que luy ayant ouuert il le vit tout
mouillé estant touché de compassion de le voir en
cet estat, il fit du feu pour le secher, mais enfin pour
recompense de ses soins, il n'eut de l'Amour, qu'vne
fleche qu'il luy tira au cœur, ce Dieu s'estant enfuy
en se moquant de luy.

En vne autre il feint que ce mesme Amour ayant
tiré toutes ses fleches sans aucun effet contre luy,
s'eslança luy mesme comme vn trait contre son
cœur, qu'il penetra par cet artifice. Le Pere Nieremberg a fait de la pensée de ce Poëte vn bel Embleme
de l'Euchariftie, sous ce titre, *Amans ipse vltima sa-
gitta Amoris,* & ces quatre vers:

> *Pugnat Amor Pharetrâ, telis exhaustus, inani.*
> *Se iacit & corpus missile corda fodit.*

Arte

Arte Deo digna : pugnax per dona repulsus.
Ipse fagittatus pectora victor adit.

Le mefme Poëte feint ailleurs que les Mufes
trouuerent vn iour l'Amour & que l'ayant lié de
fleurs elles le donnerent à la beauté pour eftre fon
captif, mais que fes liens eftant fechez il s'enfuit.
Ce Pere en a fait vn Embleme. Mais au lieu de le
faire lier de fleurs il le fait charger de chaifnes & le
fait prifonnier de la Vertu.

En vne autre endroit Anacreon reprefente l'A-
mour & la Mort, qui fe donnent des trouffeaux de
fleches.

Tous les autres Poëtes ont des inuentions de cette
nature, qui font des Emblemes à qui il ne manque
rien que l'application.

Aufone feint que des Heroïnes ayant trouué l'A-
mour le pendirent à vn Myrte.

Virgile decrit Silene lié durant fon fommeil par
deux enfans en prefence d'Ægle en la fixieme
Eclogue, & au quatrieme des Georgiques il raconte
fort au long la fable d'Ariftée, qui peut fournir diuers
fuiets d'Emblemes dont l'vn feroit Protée lié par ce
berger. Vn autre le facrifice qu'il fit pour appaifer
les Dieux ; les abeilles qui fortent des entrailles des
Taureaux facrifiez en feroient vn troifieme, &c.

Il n'eft aucun Poëte ancien ny moderne, qui ne
foit plein de ces artifices. Ouide à les defcriptions
du Palais du Soleil, & de celuy du Sommeil. Nos
Poëtes François ont fait depuis peu de temps le
temple de la Mort, le temple de l'Amour, le temple
des Lys, & le Palais de la Fortune. Le P. Ioffet en fa
Rhetorique en vers, à decrit les Palais des Paf-

fions. Celuy de l'Amour eſt tout baſti de Perles, toutes les colomnes ſont faites de fleurs. Le Printemps & le Zephyr en ſont les portiers, & la Ieuneſſe l'introductrice : à l'entrée les faux amans ſont punis, & mis en pieces. Dans vne ſale l'Amour eſt aſſis ſur vn trône d'Yuoire, les Graces ſont au tour de luy, & les plus inſignes amis de l'Antiquité, Niſus, Euryalus : Pylade, Oreſte ; Damon, Pythias: Dauid, Ionathas, &c. compoſent ſa Court. On ne void dans ce Palais que des ſymboles d'Amour, des Luths accordez, des boutons de roſes, du lierre entouré aux arbres, des ſeps de vigne liéz à des ormeaux ; des colombes, des guirlandes de fleurs, des pommes de Pin, qui s'ouurent au feu, &c.

Rhegianus a des inuentions ingenieuſes, entre autres parlant du Lac de Bayes celebre dans l'antiquité, il donne vne agreable origine à la chaleur de ſes eaux. Il dit que Venus prenant le frais ſur le bord de ce Lac commanda à l'Amour ſon fils de s'y baigner, & que s'y eſtant ietté ſans auoir quitté ſon flambeau vne eſtincelle tomba dans les eaux, & les echaufa tellement, qu'elles inſpirent encore l'amour à ceux qui s'y baignent.

Illa natare lacum cum lampade iuſſit Amorem,
  Dum natat algentes cecidit ſcintilla per vndas,
   — *Hinc vapor vſſit aquas, quicumque natauit*
    amauit.

Les Poëtes Italiens abondent en ſemblables inuentions, particulierement l'Arioſte, le Taſſe, le Caualier Marin, & Hierome Gratiani dans ſa conqueſte de Grenade.

Il y a encore d'autres Liures, qui fourniſſent des
ſuiets

suiets d'Emblemes. Comme les Romans, qui ont
souuent des inuentions ingenieuses. Ainsi Monsieur
Scudery a fait la carte du pays de Tendre dans sa
Clelie. Les delices de l'Esprit de Monsieur de Marets
sont pleines de semblables desseins. On y void le
bain de la reputation, la chambre de l'histoire. Les
Palais de la Foy, de l'Esperance, & de la Charité,
le cabinet de la Poësie, & de la Fable : Le P. Caussin
a en son second Tome de la Cour Sainte la descri-
ption de la Curiosité dans l'Eloge de S. Ambroise.
Cet ouurage, qui est l'vn des plus beaux, que ce
siecle ayt produit, est plein de plusieurs inuentions
semblables qu'il a faites, ou qu'il à tirées des plus
curieux liures de l'Antiquité.

Les Prouerbes sont aussi faciles à mettre en Emblemes, & il ne faut que les representer par figures
comme i'ay des-ja dit ailleurs.

Les sentences demandent plus d'artifice. Vo'cy
les industries dont on se pourra seruir pour les trans-
former en Emblemes.

Si elles contiennent formellement le nom de
quelque vertu, de quelque vice, ou de quelqu'vn de
ces estres imaginaires, que les Anciens ont adoré
comme l'Honneur, la Fortune, les Richesses, la Ma-
ladie, &c. Il faut le representer sous vne figure humaine dans l'action ou dans la passion, que la sentence signifie. Par exemple pour mettre en Embleme cette sentence : *Honor alit artes.* Il faut representer les Arts conuiez à vn festin par l'honneur, qui
les fait seruir de toutes sortes de marques d'honneur
en Massepains.

On peut y aiouter quelque fois les inuentions de

la

la fable, pour leur donner plus de grace. Comme
pour exprimer cette sentence de Boëce.

Habet omnis hoc voluptas, stimulis agit fruentes.

Ie representerois la Volupté comme Circé, qui
ayant changé des hommes en beste les mettroit à
la charrüe, & les piqueroit d'vn egüillon.

Vne autre maniere est de prendre des exemples
particuliers de ces sentences, & des effets contin-
tingens. Comme pour representer *Honor alit artes,*
On peut representer Petrarque, qui fut solemnnelle-
ment couronné d'vne couronne de Laurier & reconnu Prince des Poetes.

Et pour *habet omnis hoc voluptas,* &c, Cupidon piqué par les abeilles en voulant gouster du miel,
qui est vn Embleme d'Alciat.

La troisieme industrie, est que pour multiplier,
quasi à l'infiny les Emblemes Allegoriques sur vn
mesme suiet, il faut choisir vn suiet, qui de soy soit
vaste, & fort vague. Comme seroit le Temps, la Fortune, l'Amour, la Mort, &c. & faisant de ces estres
des personnages feints les comparer auec tous les
appellatifs, qui conuiennent aux personnes reëlles.
Ainsi vous ferez le Temps Conseiller d'Estat, Medecin, Architecte, Statuaire, &c. La Fortune Reine, Deesse, Marastre, Marchande, &c. L'Amour
Musicien, Malade, Ambassadeur, Forgeron, Peintre,
Enchanteur, &c.

Maintenant supposons qu'il vous faille mettre en
Embleme, *qu'il faut du temps pour deliberer :* vous
n'auez qu'à peindre dans vne sale le Temps assis
pres d'vne table sur laquelle est son poudrier, &
des Conseillers d'Estat, qui le viennent consulter,

&

& à qui il affigne vn temps determiné pour propofer leurs affaires. S'il faut exprimer, *que le Temps remedie à nos maux*, reprefentez-le fous vn habit de Medecin dans vne boutique d'Apothicaire, ou il y ait diuerfes boëtes fur l'vne defquelles vous mettres *oubly*, fur vne autre *accouftumance*, fur vne troifieme *refolution*, &c. S'il faut reprefenter *que tout fe fait & fe detruit auec le Temps*, peignez le Temps en Architecte, qui acheue l'Amphitheatre Romain, & d'vne autre part le mefme, qui abbat le Coloffe, les Pyramides, & les Temples. S'il faut exprimer *que le Temps forme les efprits*, il faut peindre le Temps, qui recherche les traits de quelques ftatuës mal faites, & qui les retouche fi proprement, qu'il en fait des pieces acheuées. Si vous mettez la Fortune fur vn Trône & les vertus qui luy font hommage, vous pourrez aiouter pour ame à ce tableau *Fortuna virtutes feruiunt*, & vous aurez vn Embleme. Si vous la placez fur vn Autel auec des peuples, qui luy offrent de l'encens & des victimes, vous pourrez aiouter ce demy vers.

Vult Fortuna coli.

ou bien :

Magis nulli altaria fumant.

Vous ferez le mefme des autres.

La quatrieme induftrie eft de fe feruir de la Poëfie, qui eft vne peinture parlante, & la mettre en couleurs. Comme font toutes les fimilitudes, qui portent en mefme temps & la peinture, & l'application, ainfi on pourroit peindre vn trophée auec ces mots : *Trunco non frondibus efficit vmbram*, pour vn vieil capitaine, qui ne pouuoit plus faire de bel-

H

les actions se soutient encore par la reputation de celles qu'il a faites. C'est Lucain, qui fournit cet Embleme au premier liure de la Pharsale ou il compare Pompée a vn vieux chesne tout ebranché, qui ne sert plus qu'à soutenir vn trophée; & Cesar à vn foudre, qui emporte tout ce qui s'oppose à sa violence.

Non seulement on peut changer en Emblemes les similitudes, qui sont d'elles mesmes des Images comme les nomme Aristote, mais encore la fable du Poëme, ses Episodes, & les beaux traits d'histoire, ou d'inuention que le Poëte ne fait que toucher en passant. Comme Enée considerant les tableaux de la guerre de Troye dans le temple de Carthage reprefentera le souuenir des trauaux passez. Et la mort de Didon les effets tragiques de l'amour violente & dereglée.

Le grand recueil des sentences des Autheurs Anciens rangées par titres, intitulé *Florilegium magnum*, facilite beaucoup l'inuention des Emblemes pource qu'il a les plus belles sentences de l'Ecriture des saints Peres, des Historiens, des Poëtes, & des Sophistes, les apophtegmes, & les exemples choisis sur chaque matiere: en sorte qu'il n'y a qu'à parcourre les chefs, & à se seruir des industries, que i'ay données pour les appliquer. Pour exemple prenons le titre de la Mort. Entre les sentences de la Bible, ie trouue qu'il met pour titre, *Mors Christi fructuosa.* On en peut faire vn Embleme en representant IESVS-CHRIST crucifié sur vn arbre chargé de toutes sortes de fruicts, que la Mort fait tomber sur des personnes de condition differente, qui les ramassent.

Le

Le titre qui suit est, *Mors vitia extirpat.* On la peut representer auec sa faux en main, qui renuerse les Vices,& qui les fauche comme l'herbe des prez. Le troisieme, *Mors vitam præstat.* Il ne faut que peindre le Phenix sur son bucher. *Mors culpa ex peccato oritur.* Il faut representer le Fleuue plein d'ordures & de saletez, que decrit S. Anselme, & en faire sortir la Mort auec des instrumens de supplice en main. *Mors per gratiam curatur.* L'histoire du Lazare pourroit seruir de peinture à cette sentence. *Mors est consolatio miserorum.* La Mort, qui entre dans vn hospital & à qui des Estropiez tendent les bras, qu'elle prend sur son col, & qu'elle emporte. *Honorabilis bonis*, il luy faut mettre des couronnes en main, dont elle couronnera les vrnes des Heros, qu'elle placera dans vn temple. Passons aux sentences des Peres, & prenons celle de S. Ambroise *in hexameron. Nulla distinctio inter cadauera mortuorum.* On peut representer Alexandre, qui cherche le corps de son pere, sans le pouuoir distinguer de celuy de son esclaue. Celle de S. Hierome sur Ionas. *Non est nostrum Mortem arripere.* Il faut peindre la Mort au milieu d'vne troupe de personnes de tout aâge & de toute condition, qui iette ses fleches contre quelques-vns, tandis que Dieu luy tient le bras pour dresser ces coups. Ce mesme tableau peut seruir pour cette sentence de S. Bernard. *Non miseretur inopia, non reueretur diuitias, non sapientia, non moribus, non ætati denique parcit.* Ou bien on pourroit mettre la paunreté à ses genoux, qui la prie, les richesses, qui s'arment contre elle, la sagesse qui la presse, &c. sans la pouuoir empescher de faire ses coups. Le reſte de la ſentence fait Embleme de ſoy. *Niſi quod* *ſenibus mors eſt in ianuis , Iuuenibus verò in inſidijs.* Car vous n'auez qu'à la peindre à la porte d'vn vieillard & cachée pour ſurprendre vn ieune hom- me, Ie laiſſe cinquante autres paſſages des SS. Peres pour venir aux Poëtes.

Voicy Horace Epiſt. 1.

> *Inter ſpem, curámque, timores, inter & iras,* *Omne crede diem tibi diluxiſſe ſupremum,* *Grata ſuperueniet quæ non ſperabitur hora.*

Il faut peindre vn Heros affligé entre l'Eſperance, le ſoucy , la crainte , & la colere, & derriere, vne heure qui vient auec vne montre dont l'eguille eſt tournée ſur douze heures.

Auſone.

> *Pange Toros,pete vina,roſas cape:tingere nardo :* *Ipſe iubet mortis te meminiſſe Deus.*

Peignez vn voluptueux couronné de fleurs dans vne ſale de feſtin , où il eſt ſeruy par des ſquelettes, qui ne luy portent pour nourriture,que des animaux egorgez , & dont les figures ſe repreſentent dans tous les miroirs dont le pourtour de la ſale eſt orné.

Ouide à Liuie.

> *Fata manent omnes.*

La Mort, qui tient Loterie , où chacun tire vn billet marqué du iour de ſa mort.

> *Omnia ſub leges mors vocat atra ſuas.*

La Mort aſſiſe ſur vn tribunal,vetuë de noir s'ap- puyant ſur vn volume du Code & du Digeſte & citant tous les peuples : au tour d'elles ſont ecrites diuerſes Lois. *L. nemo paciſcendo. L. omnes populi.* *L. generali definitione. L. omnes cuiuſcumque,&c.*

Horace

Horace 1. Epift. 16.

Mors vltima linea rerum.

Ie reprefenterois l'Horloge de la vie dont la premiere ligne feroit la Naiffance, la feconde l'Education, la troifieme l'Alliance, la quatrieme la Fortune,
&c. en fin la derniere feroit la Mort. Ou bien à les
faire par fymboles vn fceptre feroit vne Ligne, vne
croffe vne autre, vn bafton de Marechal vne autre,
vne efpée, vn bourdon, vne lance, &c. La Mort en
feroit le ftyle & marqueroit l'ombre auec fa Faux.

Vous voyez par cet effay vne grande ouuerture
à toutes fortes d'Emblemes, & les aides que ce recueil vous fournit ne font pas peu confiderables.

CHAPITRE XII.

*Les Autheurs, qui ont compofé des Emblemes, auec
vn recueil des plus beaux fur diuers fuiets.*

COmme il ne fuffit pas de fçauoir les regles
d'vn Art fi l'on ne void des ouurages, que
l'on puiffe imiter, & ces regles reduites en pratique,
ie crois qu'il ne fera pas hors de propos d'indiquer
les Autheurs, qui en ont compofé, afin qu'on puiffe
fe former fur leur maniere, quoy que tous ne foient
pas egalement exacts à obferuer les regles, que i'ay
prefcrites, & qui font neceffaires pour la perfection
de ces peintures fçauantes. Ie donne les noms de ces
Autheurs en Latin pour ne les point alterer.

Andreæ Alciati Emblemata.

*Florentij Schoonouij I. C. Goudani Emblemata
partim moralia, partim etiam ciuilia.*

Achillis Bocchij Bononienſis ſymbolicarum quæſtionum de vniuerſo genere, qua ſcriò ludebat libri quinque.

Marci Zuerij Boxhornij Emblemata Politica.

Emblemata Amatoria Heinſij.

Emblemata Rollenhagij.

Georgij Camerarij Emblemata amatoria.

Ioachimi Camerarij Emblematum centuria.

Nicolaï Reuſneri Emblemata Sacra,

Ægidij Sadeleri ſymbola.

Hadriani Iunij Emblemata.

Pauli Maccij Emblemata.

Cornelij Lepidi Emblemata.

Emblemata Sambuci.

Rayffenbergij Emblemata.

Picta Poëſis.

Ioannis Euſebij Nierembergij è Societ. Iesv Gnomoglyphica.

Imago primi ſaculi ſocietatis Iesv.

Typus orbis.

Emblemata diuini amoris.

Emblemes de Frideric.

La doctrine des mœurs en Emblemes par Gomberuille.

Emblemes Moraux & Politiques de Baudoin.

Emblemes de Georgette de Montenay.

Principe perfecto y miniſtros aiuſtados documentos politicos y morales en Emblemas. Por el Padre Andres Mendo de la Compania de Iesvs.

Emblemes de la Perriere.

Il y en a pluſieurs autres, qui ne ſont pas encore venus

venus à ma connoiſſance , & quelques-vns qui
quoy qu'ils portent le titre d'Emblemes ne ſont rien
moins, que cela, ſinon|qu'on prenne pour Emblemes
toutes ſortes de figures. C'eſt la cauſe pour laquelle
ie ne fais aucune mention de ces Autheurs encore
que les ouurages de vingt ou trente me ſoient tom-
bez entre les mains.

E M B L E M E S.

Vn Sculpteur,qui taille des ſtatuës des faux Dieux,
& qui les change en autant d'images de Iesvs-
Christ. *Donec formetur Chriſtus in vobis.* Pour
l'inſtruction de la ieuneſſe qn'on eleue au ſeruice
de Dieu.

Vne fille,qui ſe regarde dans vn miroir. *Ex fra-
gili te noſſe potes.* La fragilité de la glace du miroir
enſeigne que la beauté n'eſt pas de durée.

Des peſcheurs de Perles & de Coral.*Pretium non
vile laborum.*

Vn ieune enfant,qui craint ſon ombre. *Sic nos in
luce timemus.* Nous auons horreur de nos pechez
lors que nous les connoiſſons.

Vn petit Amour enfermé dans vne chambre, qui
ne reçoit de la lumiere,que par vn petit trou,auquel
il applique vne fueille de Papier blanc pour receuoir
les eſpeces des obiets,qui paſſent,qui luy paroiſſent
renuerſés. *Animum picturâ paſcit inani.* Pour ceux,
qui s'arreſtent aux vanitez du monde.

Vn vaiſſeau battu de la tempeſte,dont on iette les
marchandiſes dans la mer pour le decharger. *Ne
perimant pereant.*

Elie

Elie montant dans vn char de feu, & laiſſant ſon manteau. *Liber ab exuuiis.* Ces deux deuiſes conuiennent à la pauureté Religieuſe.

Vlyſſe lié au maſt d'vn vaiſſeau & ſe fermant les oreilles tandis que des Sirenes chantent. *Vos canitis ſurdis, canitiſque ligatis.* Les voluptez ne font aucune impreſſion ſur les Religieux liez par leurs vœux.

Daphné pourſuiuie par Apollon, & changée en Laurier. *Fuga laurigeros parit iſta triumphos.* La Chaſteté triomphe en fuyant.

Des artiſans, qui briſent à coups de haches les Arcs & les flechés de l'Amour. *Otia ſi tollas periere cupidinis arcus.* Le trauail conſerue la Chaſteté.

Des ſoldats qui attendent les ordres de leur chef. *Intenti expeⅽtant ſignum.* Pour l'obeiſſance des Religieux.

Vn Caualier armé de pied en cap. *Honos onus.*

La Fortune, qui enchaiſne vn Lion. *Virtutem Fortuna premit.*

Vn Chien, qui abbaye contre la Lune. *Inanis impetus.* La detraction ne nuit point aux ames eleuées.

Vn aueugle, que la Fortune mene par la main ſur le penchant d'vn precipice. *Celuy eſt fol, qui ſe conduit par Fortune.*

Vn homme, qui marche ſur vne corde auec vn contrepoids. *Tenere medium ſemper eſt prudentiæ.*

Hercule veſtu de ſa peau de Lion & armé de ſa maſſe foule aux pieds trois Amours celuy des richeſſes, celuy des honneurs & celuy des plaiſirs tandis que les quatre parties du monde luy offrent des ſceptres & des couronnes, qu'il refuſe pour en prendre vne de Laurier des mains de la Vertu.

F I N.

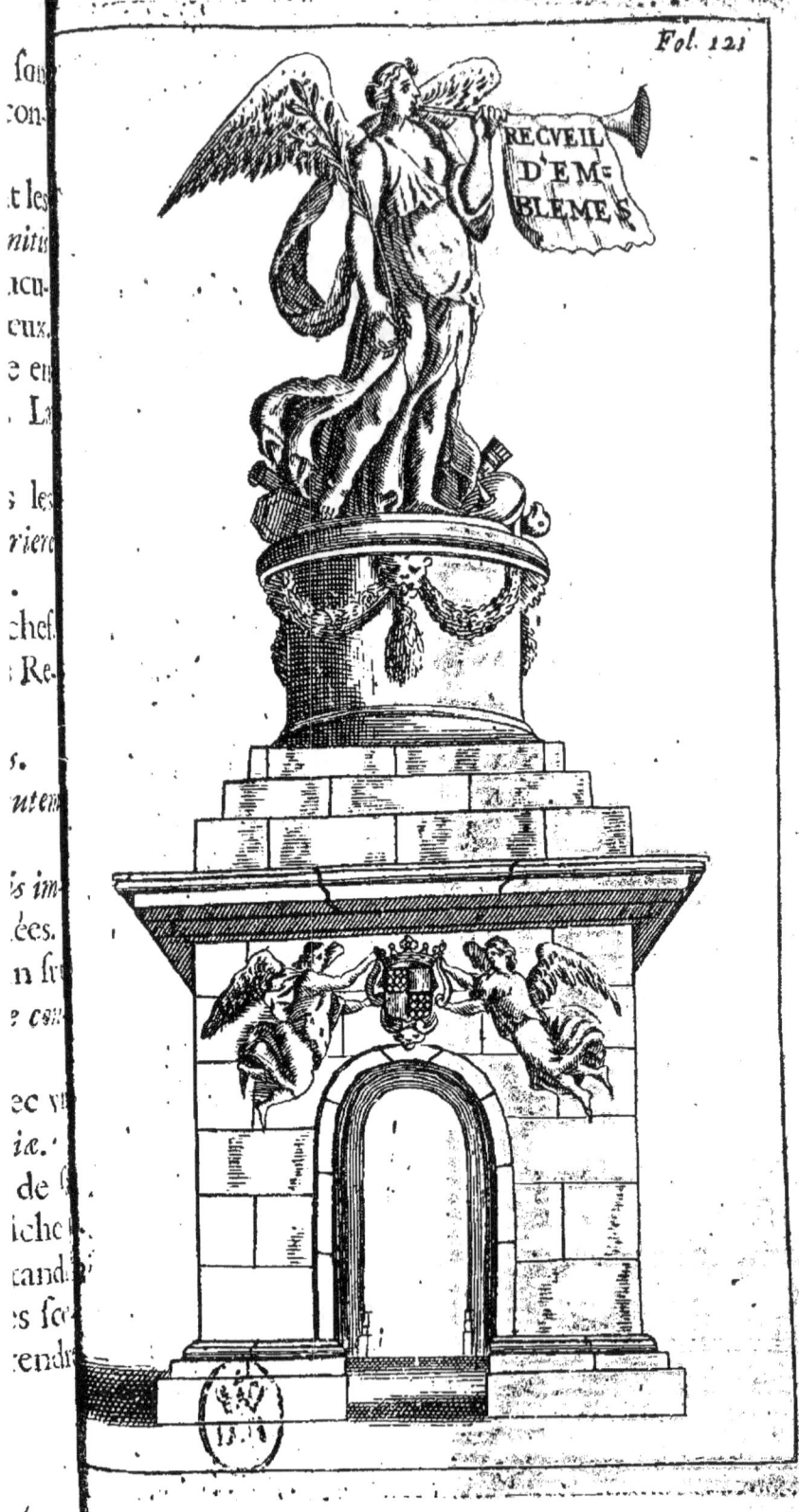

RECVEIL
D'EM-
BLEMES

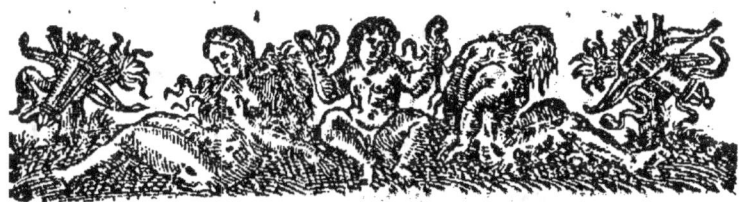

RECVEIL
D'EMBLEMES.

IE ne sçaurois mieux finir le traité de la pratique des Emblemes, que par le recueïl des plus ingenieux, & des plus iustes, que i'ay remarquéz dans les pompes funebres, dans les descriptions des entrées des Princes, dãs les reuers des Medailles modernes, dans les Salles & les Galleries dont ils font les ornemens, & en diuers autres endroits. Ie diuise ce Recueil en six ordres, & ie le range selon l'ordre des Figures & des Corps qui les composent. Ainsi ceux qui sont pris des Corps naturels ou artificiels, sont rangez sous le titre d'Emblemès naturels, ils sont suiuis des Idéels ou Allegoriques, apres quoy i'ay mis les historiques, les symboliques, & les fabuleux. Les Emblemes affectez à des Personnes celebres, font le sixiesme Recueïl. C'est la premiere partie de l'Art des Emblemes,

I

la seconde côtiendra les Inuentiõs emblematiques, la troisiesme les Desseins emblematique
des Peintures des Eglises, Sales, Cabinets
Galleries, Palais, Maisons de Campagne, &
la quatriesme les Pompes sçauantes & ingenieuses, ou la maniere de dresser les Appareil
funebres, les receptions des Princes, les Car-
rousels, les Ballets, les Scenes des representations, & les Festes des canonizations des Saint
& autres choses semblables.

Est dulcis sub Pace labor.

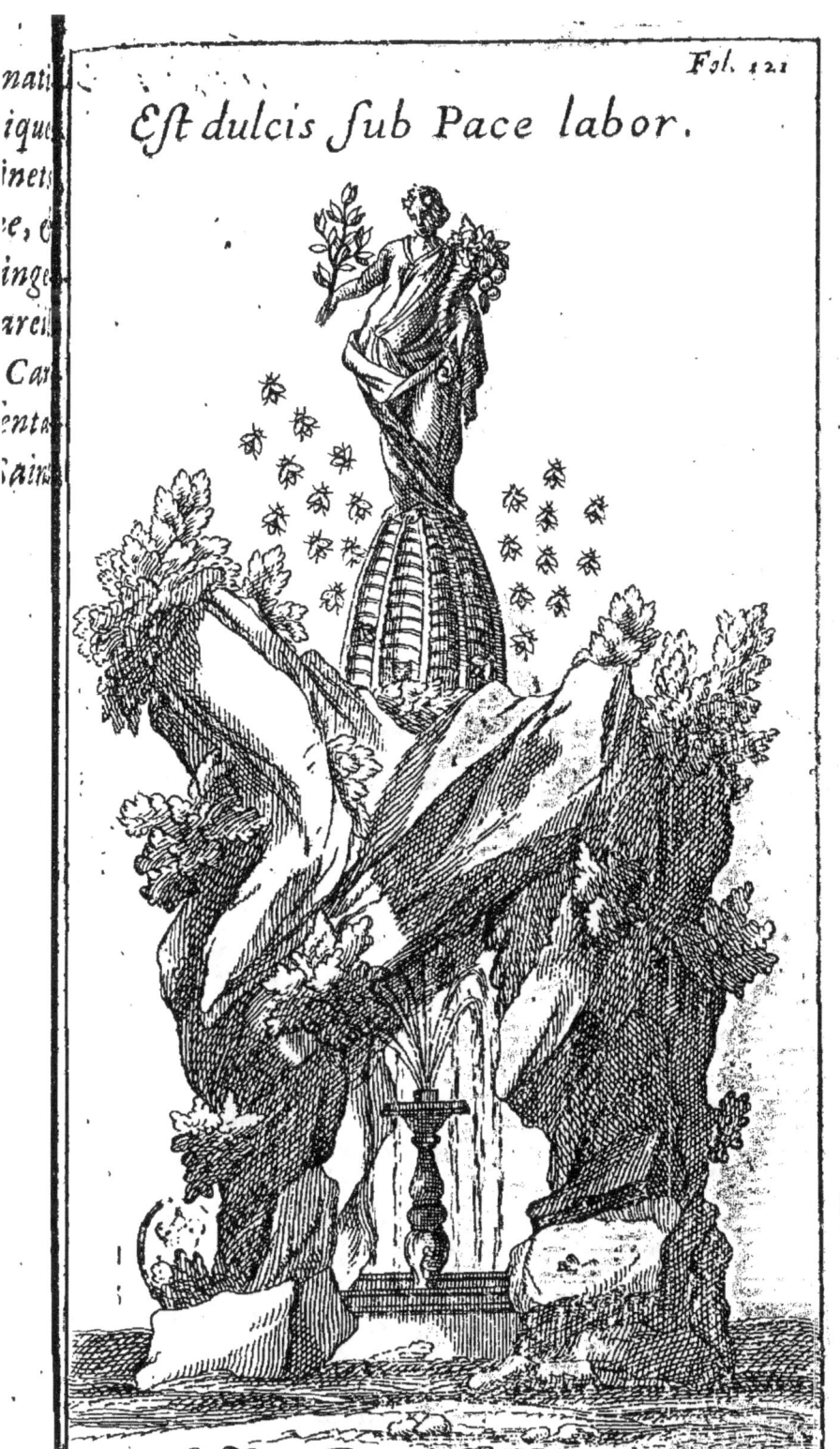

EMBLEME. I.
LES ABEILLES.

Est dulcis sub Pac̨e labor.

L Es Abeilles sont depuis longtemps le modele des Republiques & des Villes bien policées. Leur Oeconomie est vne Ecole pour toutes sortes de personnes. Les Roys s'y peuuent instruire de la generosité & de la douceur que demande leur condition, & les peuples du respect & de la fidelité qu'ils doiuent à leurs Souuerains. Il n'est point d'armée mieux rangée que leurs essaims ils ont leurs rangs & leurs files bien disposez, & ie ne sçay s'il fut iamais des troupes mieux disciplinées, n'y plus adroites que ces escadrons ailez. Cette Republique volante à ses temps de guerre & de paix, elle combat sous les yeux de son Roy auec vne generosité qui meriteroit des couronnes, si la nature ne les auoit desia fait naistre auecque le diademe. Il n'est rien de plus fier n'y de plus animé dans l'attaque & dans la defence, & ces petites amazonnes qui naissent armées pour maintenir leur liberté ont du fiel & de la bile, quoy qu'elles ne se nourrissent que de miel & de rosée. On diroit à les voir ordinairement parmy les Fleurs, que leur vie est molle, delicate, & languissante, mais aussi tost que le bruit des petites Trompes

de leurs compagnes fonne l'alarme ∫ & les appelle à la defēce de leurs ruches,elles paffent de
ce doux exercice ∫au tumulte des combats, &
s'expofent aux dangers auec autant d'ardeur,
que de courage. Il faut neanſmoins aduoüer que
la paix leur eſt plus conuenable que la guerre,
& qu'il y a plus de plaifir à les voir empreſſées
à leur petit trauail qu'occupeés à vne attaque
ou à la defenſe de leurs poſtes.

   Il n'eſt point de Fleurs dans vn iardin qni ne
leur donne de quoy s'exercer. Elles les ſuccent
inceſſāment fans leur rien oſter de leur luſtre,&
ne retournent iamais dans leurs logis qu'elles
ne ſoient chargées d'vn butin auſſi doux que
pretieux.   On a peine à fçauoir fi la manne
qu'elles recueïllent eſt vn preſent du Ciel ou de
la Terre, fi c'eſt la fueur des Aſtres, où l'extrait
des fleurs & des plantes: Mais de quelque part
que leur vienne la proye dont elles fe chargent
elles en font toutes leurs delices. Elles font de
la partie lá plus ſolide des appartemens pour
leur demeure,& des Remparts contre les attaques de leurs Ennemis , comme la plus liquide
leur fert de nourriture durant les rigueurs de
l'Hyuer,Il n'eſt rien de plus merueilleux que la
Paix qu'elles entretiennent , c'eſt cette Paix &
cette bonne intelligence qui addoucit toutes
leurs peines , & qui regle tout leur Trauail.

   Ainſi les eſtats où regnét la Paix font fleurir
les Sciences & les Arts,les foins qu'ils demandét
ne font plus fafcheux quand leur exercice eſt
paifible, & le fruit que l'on en recueille eſt fi
doux qu'il en deuient imperceptible.

EMBLEMES.

Vne Choüette ſur vne baſe de Statue conſa-
crée à Minerue, & des oiſeaux, qui volent en l'air

Lucem habeant aliæ, modo ſim ſacrata
Mineruæ.

Pour vne Perſonne, qui laiſſe l'éclat aux autres ſe
contentant de l'eſtude, & de la retraite.

Vne Choüette dans vne Cauerne.

Habitat mens cauta receſſus.

Pour vne Perſonne qui ayme la retraite.

Vn torrent qui paſſe ſur vne Digue faite pour
l'arreſter.

Qui penſe m'arreſter
Ne fait que m'irriter.

Pour vn Victorieux.

L'inondation du Nil, qui ſemble rauager la
Campagne, & qui l'engraiſſe.

Affert longam breuis ira ſalutem.

Pour vn chſtiment qui ſert à corriger la Perſon-
ne à qui on le fait.

Vn Ioüeür de Luth, qui en pinçant vn fait
ſonner l'autre, qui eſt ſur vne table voiſine.

Vnum qui tangit, tangit vtrumque.

Pour vn amy, qui prend les intéreſts de ſon amy.

Vn Echo.

Reddens non integra verba.

Pour vn Falſificateur des ſentimens d'autruy.

Des canons, & des pieces d'argent.

Quid non ista domant?

Tout cede ou à la force, ou aux presens.

Vn Singe vestu d'vn habit Royal.

Et claro se deformat amictu.

Pour vne Personne qui n'ayant pas de l'esprit fait
paroistre ce defaut dans les employs qu'elle cherche.

Vn Rossignol apprenant à chanter à ses petits.

Melior doctrina parentum.

Les enfans, qui sont instruits par leurs Peres leur
doiuent vne double vie.

Des bucherons, qui coupent vn arbre qu'ils
auoient auparauant cultiué.

Cædunt quem antè colebant.

Pour l'ininste mort du Roy d'Angleterre, con-
damné & decapité par ses propres suiets.

Vne Biche qui arrache vne fleche de la playé
d'vn ieune Cerf mort.

Amor mensura doloris.

Pour la douleur qu'vne Mere ressent de la mort
de son Fils.

Vn ieune Prince assis à vne table superbement
seruie de toutes sortes de mets, par vn grand
nombre d'Officiers empressez à ce seruice.

Venter Pusillus grande negotium.

Pour montrer les despenses excessiues, qui se font
pour nourrir vn corps à qui vne liure de pain peut
suffire.

Vn Chien, qui ioüe auec vn Lyon.

Tuta Fidelitas.

Il n'est pas seur de se ioüer auec les Princes, mais
la fidelité

la fidelité, y eſt touſiours aſſeurée, & reçoit des ca-
reſſes où la temerité ne trouue que des chaſtimens.

Vn Victorieux que l'on couronne.

Pugnauere Manus, capiti Diadema paratur.

Quoy que les Soldats gaignent les Batailles, &
emportent les Villes, toute la gloire en eſt dûë aux
Chefs, & aux Generaux, qui donnent les Ordres.

Vn homme à couuert ſous vn arbre durant la
tempeſte, & yne groſſe pluye.

Donec tranſierit.

Il faut laiſſer paſſer le mauuais temps, & attendre
tranquillement vne meilleure fortune.

Vn Chien qu'vne Nymphe careſſe.

Fidelité merite amour.

Des Champignons.

Quod facilè emergit non eſt durabile.

Vne amitié qui naiſt tout à coup ne dure gueres.

Vn Chien à qui l'on donne à manger.

Merces fidelitatem alit.

Deux Taureaux qui ſe battent.

Marcet ſinè aduerſario virtus.

Vn Horloge à roües, rompu.

Quod caret alternâ requie durabile non eſt. *Ouid.*

L'horloge à roües.

Multa prius quam loquaris tecum verſa.

Vn Limaçon ayant la teſte hors de ſa coquil-
le, & vn oiſeau qui la deuore.

Quærit exitium foris.

Vn Saule fur le bord de l'eau.

Tutior inter fletus, quam rifus cáfti-
monia.

Amne fuum nutriant moritura falicta virorem
Sic lachryma florem virginitatis alunt.

+ fumer
à fa pipe
ou macher
Du tabac Vn Soldat qui petune, & prend du tabac.

Fumo dum pafcitur, ardet.

Pour les vaines efperances, qui excitent le cou-
rage.

Vn poiffon, qui fe debat eftant pris à l'ha-
meçon.

Sera eft poft vulnus cautio.

Le Pere Guillaume Hefius Flamand à reprefenté ingenieufement la foy, & fes qualitez fous
les emblemes d'vn Luth; voicy les plus choifis.

1. Vn Luth fans cordes.

Vis vitam tollere, tolle fidem.

2. Vn Luth a qui il manque vne corde.

Quid reliquæ, fi me deficit vna fides?

Il eft impoffible de plaire à Dieu fans la Foy.

3. Les Cordes d'vn Luth que l'on monte.

Vis ipfa torturæ fidem facit animofam.

Pour les Martyrs, qui ont maintenu la Foy dans
les Supplices.

4. Vn petit amour pinçant vn Luth.

Fidem concordia fanam fola probat.

La conuenance de la doctrine de l'Eglife, &
confentement vniuerfel de fes docteurs eftabliffent l
verité de noftre Foy.

5. Les cordes d'vn Luth detenduës, auec vn petit amour qui les touche.

Si fit laxa fides, fidem negabit.

La foy lâche panche à l'infidelité.

6. Vn Luth qui n'a qu'vne corde.

Sola fides eſt vana fides.

La Foy ſeule & ſans les œuures eſt vaine.

7. Vn Luth pres duquel eſt vn Enfant ſans le toucher.

Muta fides niſi mota.

Pour le meſme ſuiet.

Vne vigne que l'on taille.

Putanda vt ſit feracior.

Il faut retrancher d'vn corps tous les membres inutiles.

Vn Renard eſtranglé par vn Lyon.

Fraus virtute perit.

Vne Dame qui ſe regarde dans vn miroir.

Iudex ipſa ſui.

La Conſcience ſe iuge elle meſme.

Vn Cerf dont le ſouffle fait ſortir des ſerpens de leurs trous.

Nullis fraus tuta latebris.

Monſieur Chorier Aduocat au Parlement de Dauphiné & Hiſtorien de cette meſme Prouince, à fait grauer en teſte de ſon ouurage, l'hiſtoire qui tient en main vn miroir auec lequel elle reçoit l'Image & les lumieres du Soleil, auec cette deuiſe.

Tam Fideliter quam feliciter.

Aucun Symbole ne pouuoit mieux faire le ca-

K

ractere de cét Illuftre que le miroir, puifque fon
difcours eft net, poly & éclatant comme ces glaces de Chriftal, & quelque éclat qu'ayt la Prouince qu'il à décrite & qu'il compare au Soleil.
Il luy a donné vn nouueau luftre par des lumieres reflechies, qui feront connoiftre par tout les
actions genereufes des Heros, qu'elle à produits,
& la fageffe des Magiftrats qui la gouuernent
auec tant de prudence & de tranquillité.

Vne Fleche.

Seu Mauors feu mittat amor.

Pour Monfieur le Comte de S. Aignan égale-
ment braue, & galand. Cét Embleme eft de l'inuention de Monfieur de Brianuille petit neueu
du grand Oronce Finé, celebre fous le Regne de
François premier. Ceux qui admettent les corps
fabuleux, & les rapports aux fables dans la deuife, mettroyent cet Embleme au rang des deuifes
hero ïques, & auroient les deux Taffes & Paul
Ioue pour garands de fa iuftéffe, mais comme ie
fais profeffion de m'attacher aux regles fcrupu-
leufes du Bargagli, du Ferro, de l'Arefi, & à vne
partie de celles de l'Abbé Theforo, ie l'ay rangée
entre les Emblemes.

EMBLEMES

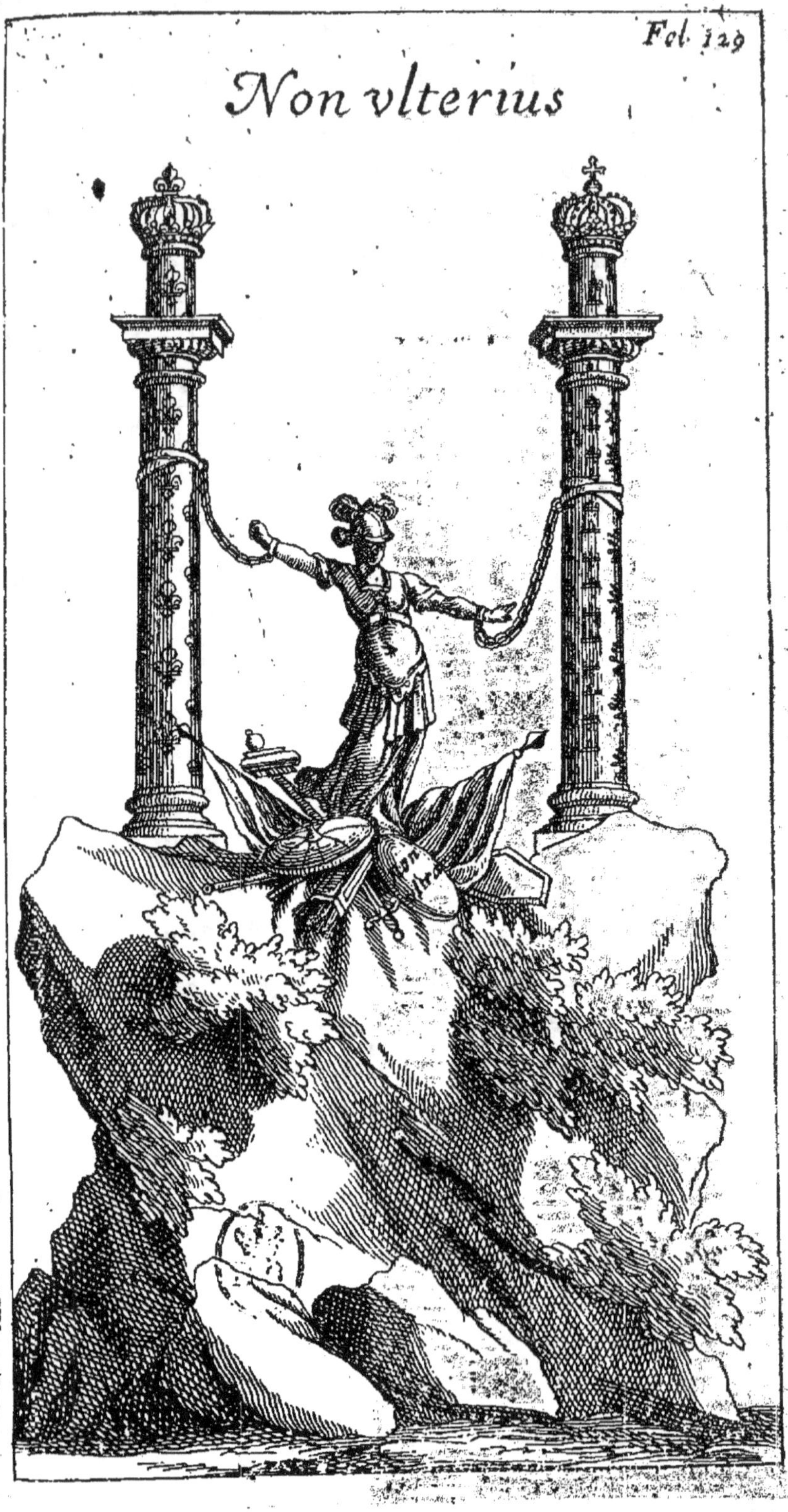

Non vlterius

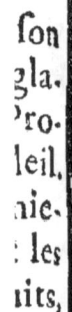

EMBLEMES IDEELS.
Embleme de la Paix.

La guerre enchaisnée à deux colomnes, l'vne semée de fleurs de Lys, l'autre de Lions & de Chasteaux.

Non vlterius.

DE tous les trauaux d'Hercule, Ie n'en trouue point de plus celebre ny de plus auantageux que la fin & l'acheuement de ses entreprises, puisque c'est le seul qui fit succeder le repos à ses peines, & la recompense à ses merites. Les deux fameuses Colomnes qu'il dressa apres ses conquestes, luy firent vn Trophée plus agreable que les depouïlles de l'Hidre defaite, & du Lion dechiré. Il seroit souuent à souhaiter pour la gloire des Heros qu'ils missent eux mesmes des bornes volontaires à leurs desseins auant que le Temps ou la Mort leur en fissent de necessaires. La Fortune & la Victoire, ont des ailes aussi bien que la renommée & les desirs, mais leur vol est plus inégal, & souuent elles se lassent l'vne & l'autre auant quelles ayent acheué ce que les autres se promettent. Le Heros qui voulut passer au delà des routes d'Hercule, & qui fit de ses deux Colónes, vne deuise ambitieuse trouua des bornes moins celebres pour s'estre trop auancé, & s'il n'eust corrigé ce mauuais succez par vne retraite aussi genereuse, que le repos de ce demy Dieu, son nom seroit moins glorieux & ses Lauriers auroiét eu peine de se conseruer aussi verds,

qu'ils le font encor dans l'Hiftoire, c'eft ce grand
Exemple, qui doit faire admirer à tous les Peuples la moderation de noftre Monarque, qui
ayant plus d'ardeur & de courage, que n'en eu-
rent tous les Heros de la vieille Grece & de Ro-
mé, à fceu retenir ces mouuemens genereux au
milieu du fuccez de fes victoires, & donner vo-
lontairement des bórnes à fa fortune, lors qu'elle eftoit plus empreſsée à luy offrir des Couronnes, & luy foûmettre des Prouinces. Ce fera auffi ce Trophée qui le rendra glorieux dans l'hiftoire de tous les fiecles, quand on fçaura que ce
ieune conquerant à preferé le repos de fes Peuples aux auantages de fa gloire, & facrifié fes in-
terefts à la tranquillité de fes Sujets. En effet fi la
paix eft la fin de toutes les Guerres, & le but que
l'on fe propofe dans ces perilleufes entreprifes,
n'eft ce pas vne chofe furprenante, qu'vn Prince
a l'aâge de vingt-ans oblige fes Riuaux les plus
puiffans à la luy demander, & fe rende en fi peu
de temps l'arbitre de tout l'Vniuers.

l'Amour armé.

Armato per efser amato.

Armé pour eftrn aimé.

*   L'amour mis au ioug, & tirant vne Charruë,
conduite par la vertu.

La Iuftice tenant l'Efpée & la Balance.

Leges armis tutæ.

*   La Fortune, qui fied fur vn Trône d/ont elle
a tiré vn Roy.

Loci impatiens fortuna fecundi.

Le temps, qui tire la verité d'vn Chaos de tenebres

nebres efpaiſſes.

Abſtruſam tenebris tempus me educit in auras.

Pour apprendre que le temps fait enfin voir la ve-rité de chaque choſe.

Le Pere Dominique Gamberti de Noſtre Compagnie, en la deſcription de la pompe fune-bre du Duc de Modene, donne vingt Emblemes Ideels de la Mort.

Au 1. La mort tient Academie, elle eſt aſſiſe ſur vne Chaiſe pour enſeigner vne foule de Per-ſonnes differentes, qui ſont dans ſon Ecole, elle tient en main vn rouleau où l'on lit : *Extremum ſemper adeſſe putes.* C'eſt la leçon qu'elle enſeigne & le titre de l'Embleme eſt

Miſerum eſt neſcire mori.

Le 2. la repreſente ſur vn Trône fermant les oreilles aux ſupplicatiós de quantité de Perſon-nes de toutes ſortes de conditions, auec ces mots.

Nulli exorare contingit.

Au 3. elle paroît à la porte d'vn Palais, que le temps luy ouure pour faciliter ſon entrée auec cette Sentence.

Patet iſti Ianua.

Au 4. le temps bat le Tambour pour amaſſer des Troupes ſous le drapeau de la Mort, l'ame eſt celle-cy.

Omnes eodem cogimur.

Le 5. eſt le Triomphe de la Mort monté ſur vn Char, conduit par le temps, vne troupe de Rois, d'Eſc'aues, d'Artiſans & de Docteurs eſt attachée à ce Char, le mot eſt.

Siuê Reges, siue inopes Coloni.

Le 6. Montre qu'aucun titre n'exempte de la Mort, c'est la Mort à qui Iules Cæsar presente vn Trophée marqué de cette inscription D. I V-LIVS CÆSAR: Mais elle fauche & l'Empereur & le Trophée, la Sentence est d'Horace.

Iactat nomen inutile.

Le 7. Est la Mort qui foule aux pieds Thiare, Pourpre, Couronnes, Sceptres, Mitres, Crosses &c. auec ce vers de Boëce.

Mors spernit altam gloriam.

Le 8. Est la Mort qui precipite Phaeton de son Char, pour môtrer que la vie des Princes est courte.

Duræ rapit inclementia mortis.

Le 9. Est le Temps qui compose sur vne Casse d'Imprimerie, & la Mort qui tire les fueilles sur la Presse, où l'on lit.

Hor.   Vitæ summa breuis.

Le 10. Est le plan d'vn grand bâtiment qu'vn Architecte compasse & que la Mort luy tire des mains.

Spatio breui spes longa.

Le 11. Est vn cirque où courent diuerses Personnes, & la Mort est le terme.

Velocis spatii meta.

Le 12. Represente la Mort, qui fait des montres au Soleil.

Omnis scribitur hora,

Le 13. La represente qui tire des Billets dans vne Vrne que le temps luy presente, & qu'elle distribuë à diuerses sortes de Personnes.

Serius ocyus, sors exitura.

Au

Au 14. Elle fauche des Perſonnes de tout aage, de tout ſexe, de toute condition.

Quanta mouet funera.

Au 15. Elle a des habits & des maſques de toutes ſortes.

Vultus ſuos variare poteſt.

Au 16. La fortune traiſne apres ſoy des Rois liez de Chaiſnes, & fait paſſer ſa roüe ſur des Heros terraſſez, tandis que la Mort vole deuant Elle.

Libera fortunæ mors eſt.

Au 17. La Mort lance des foudres contre des Heros, qui ſe tiennent à couuert d'vn grand laurier pour môſtrer que la valeur rend immortel.

Abſtulit fatis iter.

Le 18. Repreſente la Mort, qui tire ſur vne preſſe des Images des Heros qu'elle donne à la renommée.

Non vlla obliterat ætas. *Catul.*

Au 19. Des Soldats precedent vn Heros que la Mort talonne, & portent dans vn Temple les dépoüilles d'vn Trophée.

Multa pars mei vitabit libitinam. *Horat.*

Le 20. Repreſente Hercule ſur ſon Bucher, & le même apres receu dás le Ciel & Immortalizé, auec ce bout de vers de la Tragedie de Seneque.

Terra non capit Herculem.

Toutes les Sentences de ces vingt Emblemes ſont tirées des Poëtes, ce qui leur donne vne grace toute particuliere. Les quatre derniers s'appliquent au
feu

feu Duc de Modene, qui estoit le sujet de cette pompe antant magnifique, & ingenieuse que lugubre.

Le Temps qui émousse & brise sa faux contre le cube sur lequel la vertu est placée.

Aciem virtus hanc sola retundit.

Pour apprendre que la vertu rend immortel.

* Les Arts, qui acheptent des Dieux les instrumens dont ils se seruent.

Dij laboribus omnia vendunr.

* La Fortune qui fait auec du Sauon des bouteilles qui representent des Rois, des Princes, des Magistrats, des Sceptres, & des Couronnes, comme autant de miroirs, que la Mort & le temps dissipent en souflant contre & font tomber en pluye.

* Le Tombeau d'Alexandre ou toutes ses Victoires sont grauées, & ses armes mises en trophée que la Mort foule aux pieds.

Tot victoriæ mortis vnicus Triumphus.

L'amour qui tire vne Fleche contre le bouclier de Minerue, dont elle est repoussée contre l'amour qu'elle tuë.

Pour apprendre que les personnes d'Estude se mettent à couuert des atteintes de l'Amour.

Incumbas studijs finem qui quæris amoris.

* La crainte faisant auec l'argille vne Image de l'Amour, qui tombe par pieces.

Metus malè fingit amorem.

La Paix qui couure vn Temple de son manteau.

Pax

pom-
re,
ontre

in-

ou-
ces,
on-
&
ont

Vi-
to-

s.
ure
re

se

t
le

r
x

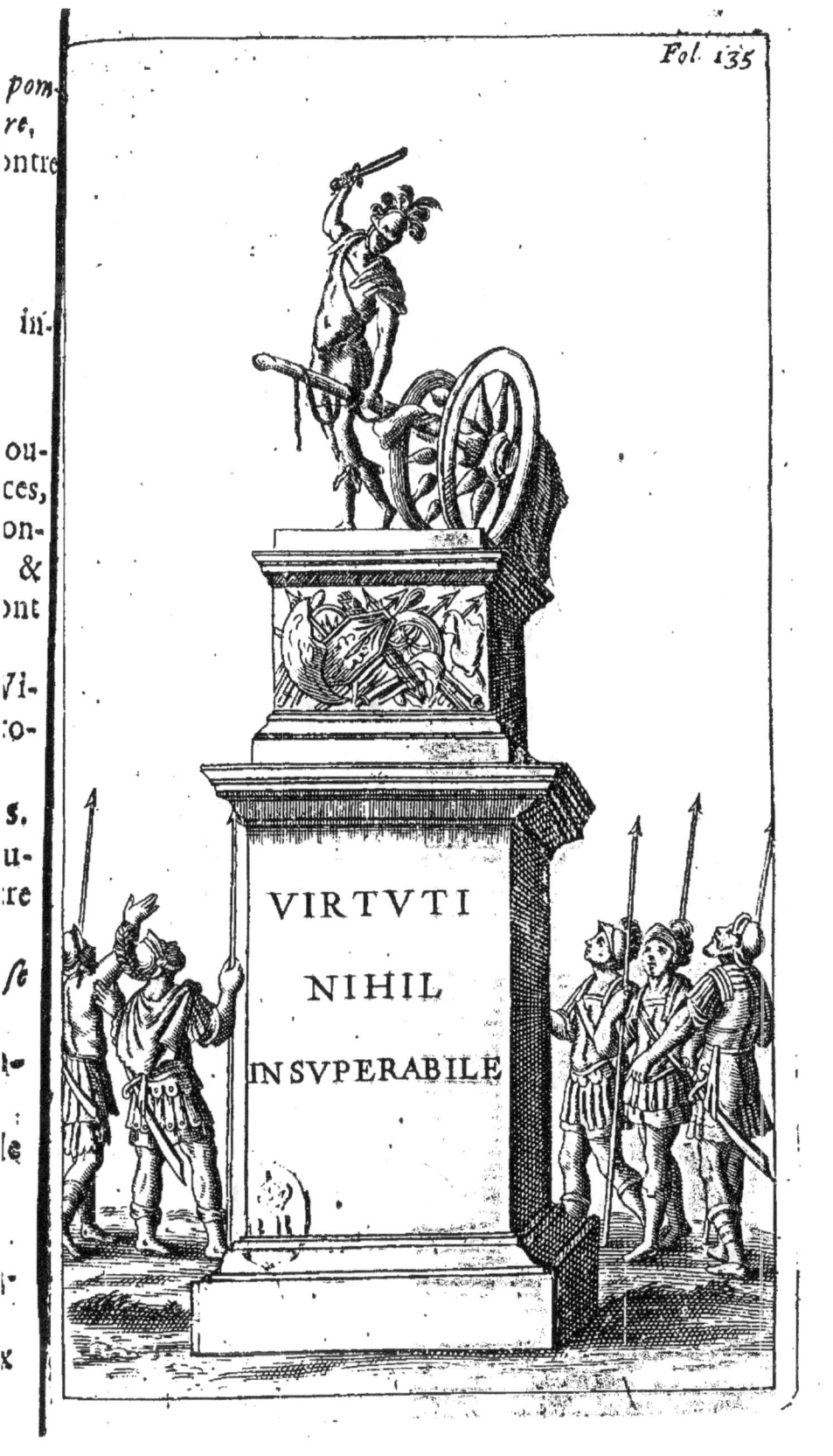

VIRTVTI

NIHIL

INSVPERABILE

Pax facra tuetur.

* La Fortune tenant vn Ioüet fait en Sonnette,
& marqué comme vn Globe du monde.

Fortunæ ludibrium orbis.

Vn Vaiſſeau qui a la voile & la vertu au Timon.

Vtriuſque auxilio.

Le Cirque de la vie où l'on void des Princes,
des ſçauans, des Pauures, des Eſclaues, montés ſur
des Chariots propres à leurs conditions, & tirez par diuers animaux. Ils courent tous dans
ce Cirque ieunes & vieux, le but & le terme eſt
vn grand ſquelette de la Mort contre lequel tous
les chariots ſe renuerſent auec ce mot.

Vltima meta mori.

Des gens de toute ſorte d'aage de condition,
& de ſexe tirent à l'arc contre vne cible dont
vne teſte de Mort fait le blanc.

Scopus eſt commmunis & omnibus vnus.

Le Conſeillier & Hiſtoriographe Mathieu
nous repreſente en vn quatrain de ſes tablettes
de la vie & de la Mort vn bel Embleme Ideel en
ce vers.

La vie eſt vne table, où pour iouër enſemble.
On void quatre ioueürs: le temps tient le haut bout,
Et dit paſſe, l'Amour fait de ſon reſte, & tremble.
L'Homme fait bonne mine & la Mort tire tout.

EMBLEMES HISTORIQVES.

Alexandre coupant le nœud Gordien.

Virtuti nihil inſuperabile.

DE quelque maniere que l'on conſidere l'a-
ction d'Alexandre, qui coupa le nœud gor-

dien, ie ne la trouue pas moins adroite que sur-
prenante puisque s'estant engagé par vn desir
de gloire d'accomplir vn oracle dont l'auene-
ment n'estoit pas moins difficile, qne l'entreprise dangereuse, il acheua auec le tranchant de son
espée ce que son addresse luy faisoit desesperer.
Il montra par cette presence d'esprit que rien
n'est impossible à vn homme de cœur, & qu'il
est de la gloire d'vn Conquerant de pousser à
bout ses desseins, quelque temeraire qu'en puisse sembler l'entreprise. Cette action neantmoins
qui fait tant de bruit dans l'histoire n'est que l'i-
mage de la generosité de nostre incomparable
Monarque, qui au milieu des troubles d'vne
guerre allumée depuis plus de quarante ans, &
dans l'embarras des affaires les plus Espineuses à
trouué le moyen de terminer ses differens, & de
donner vne paix autant auantageuse à ses sujets
qu'elle est glorieuse à sa reputation, aussi rien
n'est difficile à la vertu, & à la valeur de nos
Monarques dont les premieres actions peuuent
seruir d'exemple à tous les braues.

Le Buisson ardent.

Qua splendet pungit.

*Les dignitez quelque éclatantes qu'elles soient ont
leurs espines, & sont à charge à ceux qui les exercent.*

Le Cadaure d'vn Egyptien que l'on ouure,
pour luy oster les entrailles auant que l'enterrer.

Indignus honore Sepulcri.

*Ceux qui ne viuent que pour la volupté, & le plai-
sir menent vne vie de Bestes, & ne meritent pas que
l'on conserue la memoire d'vne si méchante vie.*

Procrustes vn fameux Voleur, qui aiustoit les
Corps

Corps des Paſſans à ſon lit , coupant les iambes à ceux qui eſtoient trop longs, & eſtendant auec des cordes les membres à ceux qui eſtoient trop courts. Le P. Cotton en fait l'Embleme des Heretiques qui donnent la torture aux paſſages de l'Eſcriture & des SS. Docteurs pour les accommoder à leurs erreurs. Et il a fait repreſenter en la premiere fueille de Geneue Plagiaire.

Le ieune Alexandre brûlant de l'Ençens à pleines mains ſur vn Autel.

Religio Auſpicium Regum.

Vne Sybille aſſiſe ſur vn Rocher entouré de Lys, écriuant ſur des fueilles de Palme.

Virginitatis Præmium diuinatio.

La Piſcine que l'Ange rémüe & où des Malalades ſe iettent.

Turbata ſalutem.

Pour l'Annonciation de N. D. qui parut troublée en receuant la ſalutation de l'Ange.

Les deux Enfans qui porterent leur Pére & Mere à trauers les flames du Mont-Etna , & de qui les flames ſe retirerent par reſpect.

Pietati cedite flammæ.

Loth ſe retirant de Sodome ſans ſe tourner pour voir la ruïne de ſon Païs.

Seruabit ſeruata fides.

Ie donne peu d'exemples des Emblemes hiſtoriques à cauſe qu'ils ſont plus conteſtez que les autres , & qu'ils ſont moins ingenieux pour eſtre plus faciles à inuenter.

EMBLEMES SYMBOLIQVES.

La Maſſe d'Hercule changée en Oliuier ſur vn Ro-
cher où paroiſſent les deſpoüilles des Mon-
ſtres qu'il à terraſſez.

Merces laborum pacis æternæ decus.

CE haut Rocher qui ſe preſente à vos yeux
chargé de Monſtres enchaiſnez, eſt lo Theatre glorieux des victoires d'Hercule dont les
trauaux ſont dépuis les premiers Siecles l'eſton-
nement de tous les Peuples }, & le modele de la
valeur. Vous y voyez les Serpents qu'il eſtouffa
dés le Berçeau, les Lions qu'il dechira depuis, les
Tyrans qu'il aſſujettit, & l'Hidre eſpouuantable
dont il coupa toutes les teſtes. Ce n'eſt pas là
neantmoins l'endroit le plus beau de ſa vie, puiſ-
que luy meſme auoüe, que le ſuccez de ſes entre-
priſes ne luy fut iamais, qu'vn paſſage à d'autres
trauaux. Auſſi ce Rocher eſcarpé eſt l'image de
ſa vertu, & il tint des routes auſſi rudes & auſſi
facheuſes, que le ſçauroient eſtre ces amas de
pierres entaſſez les vns ſur les autres. L'oliuier
qui paroiſt au plus haut, chargé d'Armes en Trophée eſt l'arbre d'ont il ſe fit des Couronnes pa-
cifiques, apres la fin de ſes peines : c'eſt le glorieux inſtrument de ſes Trauaux, qui à pris cette nouuelle forme, pour nous apprendre que
tous les ſoins de la Guerre ne doiuent tendre
qu'a faire la paix, & que nos peines les plus La-
borieuſes reçoiuent enfin vne iuſte recompenſe. Ses armes victorieuſes ſont attachées à cét
Oliuier, & font vn Trophée d'vne aſſez belle
montre à la memoire de ſes actions genereuſes,

&

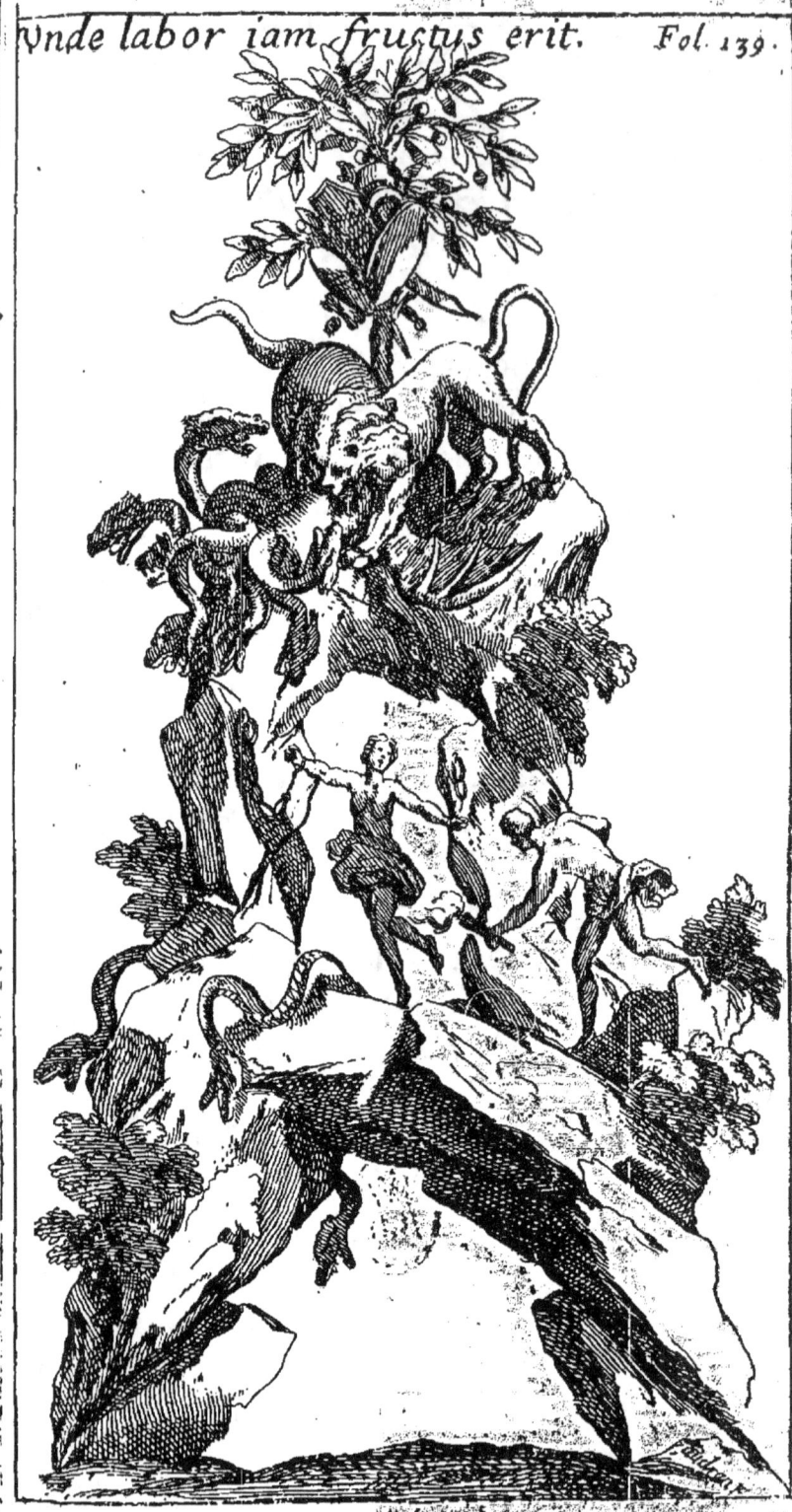

& nous pourrions donner à cét Arbre vne autre
Inscription pour en faire vn Embleme auffi in-
ftructif que le premier. Il ne faudroit que grauer
fur fon efcorce cét hemiftiche Latin.

Vnde labor iam fructus erit.

Cette maffe fi funefte autrefois au Monftres,
fi redoutable aux Tyrans, & fi glorieufe au Heros qui s'en eft feruy ; n'eft plus vn Tronc fec &
fterile depuis qu'elle a efté arrosée des fueurs de
ce demy-Dieu, Il eft vray que fes premiers fruits
sôt amers,mais ils sôt de durée,& c'eft de leur a-
mertume qu'õ peut tirer vne liqueur affez douce
pour nous apprendre,que fi noftre vie eft Labo-
rieufe & pleine de trauerfes elle fera l'Ouuriere
de noftre felicité,& d'vn repos eternel figuré par
les fueilles & la verdure de cét Arbre , qui con-
ferue l'vn & l'autre , durant les rigueurs les plus
facheufes des Hyuers.

Vn Carquois , & des fleches dans le feu.

Ignem Igne.

Pour vne perfonne, qui quitte vne amour dan-
gereufe en penfant à l'Enfer.

Vne Efpée.

Con quefta Conquifta.

La valeur n'acquiert rien qu'à la pointe de l'E-
pée.

Vn Empereur tenant d'vne main vn liure de
l'autre vne efpée.

Ex vtroque Cæfar.

Il faut qu'vn Prince foit vaillant & fçauant.
Vne Colombe portant le rameau d'oliue,

Rediens fert omina pacis.

Pour le retour de Gaften de France frere du feu Roy.

La mefme Colombe auec le mefme rameau.

—Pax pendet ab ore.

Pour vn pacificateur.

Vn Lion tenant vne Epée & vne balance.

Vis adiuuat æquum.

Vne Dame affife fur vn Dauphin tenant vn
Liure & vne balance.

Cognofce, Elige, matura.

*Dans toutes les deliberations il faut diligemment
examiner, choifir, & executer promptement.*

Vn Sceptre ayant vn œil au bout.

Vigilia Regnantium quies.

La ftatuë d'Harpocrate Dieu du filence tenant
le doigt fur la bouche.

—Vt loqui difcas.

Vn Liure fur vn cube arreftant de fon poids
vn poudrier qui a des aifles.

Nulla difficilior fcientia.

Il n'eft point de fcience plus difficile, que celle d'arrefter le temps, & de le bien employer.

Vn Aigle tenant vn foudre en vne ferre, &
vn Laurier en l'autre.

Vnumquodque in tempore.

Pour le Chaftiment & la recompenfe.

Vn cœur partagé qu'vne main quitte

Ou rien ou tout entier.

*Cor vbi difcideris vitâ fugiente peribit ;
Sic quoque divifus vivere nefcit amor.*

Mars qui arrofe vn Oliuier.

Pax Martis opus.

L'amour tenant entre fes bras la foudre de
Iupiter,

Vnius hostis multiplex victoria

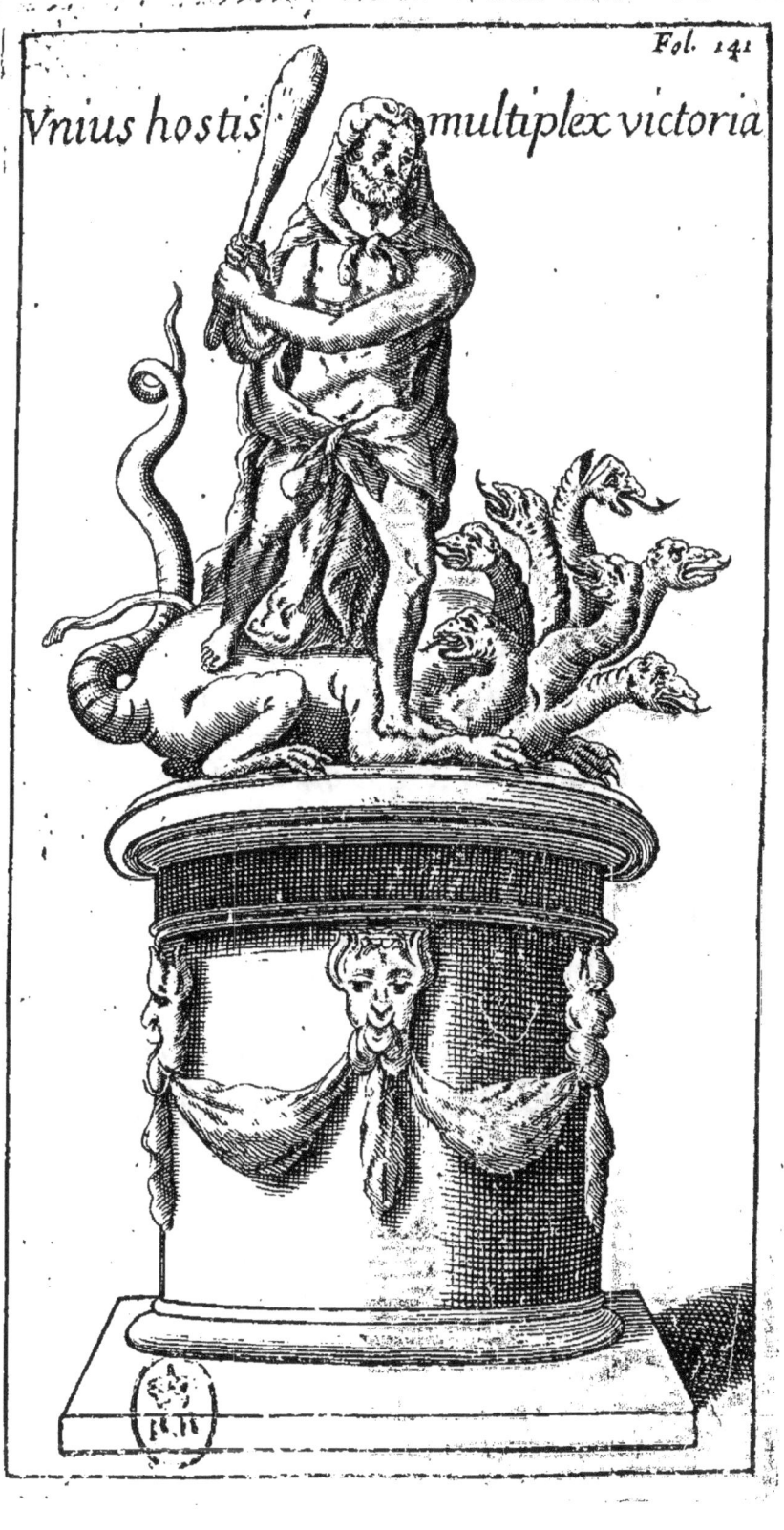

Iupiter, la Faux de Saturne, le Trident de Neptune, l'arc d'Apollon, la Pique de Minerue, l'Efpée
de Mars la Iaueline de Diane, le Caducée de Mer-
re; & les marques des autres Dieux,

Cét Embleme reprefente le pouuoir de l'A-
mour par les Symboles des Dieux qui luy font
vne efpece de Trophée, fur quoy il me fouuient
de ces vers d'vn de nos Poëtes, qui dit parlant de
cette paffion au Roy.

Il faut fuiure fes Loix, on ne les peut enfraindre
   vous y viendrez Ieune L O V I S.
Où les Dieux ont cedé les Rois ont lieu de crain-
dre.

Le R. P. Ferrand de noftre Compagnie a mis
en tefte de fon Apologie Victorieufe pour les
Lys contre M. Chiflet, La banniere de France
croifée en fautoir auec le *Labarum* de Conftan-
tin, & ces deux fentences.

Francorum hæc gloria Cœli.
Fauet his victoria fignis.

La premiere fait allufion au chiffre facré que
ce premier Empereur Chreftien vid dans le Ciel
eftant en France, & à l'enuoy de nos fleurs de
Lys que la tradition tient auoir efté apportées
du Ciel ;

EMBLEMES FABVLEVX,

Hercule abbatant les teftes de L'hidre.

Vnius hoftis multiplex victoria.

I L ne faut pas s'eftonner que ce Heros faffe le
fujet de tant d'Emblemes, puifque fa vie a
                                        efté

esté celuy de tant de trauaux extraordinaires, l'e-
quipage que la fable luy donne est tout Myste-
rieux, & son histoire est toute pleine de merueil-
les. Les Poëtes ont si souuent parlé de luy, &
la peinture l'a representé de tant de sortes, qu'il
est difficile de trouuer vn modele plus grand &
plus iuste des leçons Morales & politiques, sa
vie fut meslée de biens & de maux, de vices & de
vertus, par ceux-là il peut seruir d'exemple de la
bonne & de la mauuaise fortune, par ceux-cy il
peut fournir des regles à suiure, & des maximes
à corriger. Il n'est rien neantmoins qui semble
luy auoir plus acquis de gloire que ce monstre
à sept testes que vous voyez à ses pieds. Iamais
entreprise ne fut plus difficile que la defaite de
cette Hydre dont les testes renaissoient à mesure qu'elles estoient coupées. Les Saints Peres,
qui ont quelquefois meslé l'erudition antique
aux maximes du Christianisme ont voulu que
cetteHydre fut l'Image du peché à cause des sept
capitaux figurez par autant de testes de ce monstre, & ils ont fait de ceHeros le tableau duChre-
stien à qui la defaite du peché est autant labo-
rieuse, que le succez du combat est douteux.

I'en fais icy l'Image & l'Émbleme de la guerre
qui est vn ennemy difficile à vaincre. Il n'est pas
necessaire de vous aduertir que le Heros que represente cét Hercule est nostre Monarque, le
succez de ses premieres entreprises, & ses trauaux infatigables dans la delicatesse d'vn aage
que la nature semble dispenser de ces Coruées
laborieuses font assez connoistre le rapport qu'il
a auec ce demy Dieu. Le vers qui anime cette
peinture enseigne que cette derniere victoire
qu'il

qu'il a remportée sur le desir de l'honneur, qui le pousoit à étendre ses conquestes est vn amas de victoires, puis qu'il ne s'est pas seulement acquis l'estime de tous les peuples, l'amour de ses sujets, & l'estonnement de la posterité, mais qu'il a encore desarmé toute l'Europe, que son exemple à rendu tranquille.

* Hercule montant dans le Ciel, ou paroissent ses Trauaux en Constellations.

Cœlo præiere Labores.

Pour vne Personne, qui à fait beaucoup de bonnes œuures auant sa mort.

Esculape donnant vn breuuage amer à vne Nymphe malade qu'il aime.

Quandoque propinat amara verus amor.

Ceux, qui ayment font des reprehensions à leurs amis quand il le faut.

* Hercule montant daus le Ciel òu paroist Iunon.

Ira deæ me Cœlo asseruit.

Pour vn Courtisan qui se voyant disgracié aupres d'vne Reyne, qui le persecute, entre dans vn Cloistre & ne pense qu'au Ciel.

* Atlas, qui porte le Ciel.

Cœlo dignus qui cœlum sustinet.

Pour vne Personne, qui souffre patiemment les afflictions que le Ciel luy enuoye.

Phaëton renuersé du Chariot de son Pere.

Legitimum tantum patiuntur habenæ.

Les Peuples ne veulent obeyr qu'à leur veritable Maistre.

Vn Cyclope aueuglé à qui des Pigmées in-

M

fulçent.

Non auſi attrectare videntem.

Iean Mercier applique cet Embleme à la France qui a touſiours eſté reſpectée, & redoutée de ſes Ennemis quand elle à conſerué la Religion ; & qui s'eſt vüe inueſtie de leurs Armes autant de fois qu'elle à relaſché de ſa pieté, auſſi donne t'il pour ſecond mot à cét Embleme.

Religio ſola eſt quæ maxima regna tuetur.

Le meſme repreſente encore Saturne , qui deuore ſes Enfans auec cette ſentence.

Quos decuit ſeruare necat.

Il applique aux Princes, qui ruinent leurs Suiets, par de trop grandes impoſitions & la ſentence d'application eſt celle-cy.

Scelerati principis artes.

Hercule filant.

Labor otio pejor.

Pour vne Perſonne qui s'applique à des choſes indignes.

Hercule aſſis ſur vne pierre s'appuyant ſur ſa maſſe & penſif.

Fortitudo ex Prudentiâ.

Le Verſeur d'eau.

Nunquam deficient.

Pour l'abondance des graces.

Narciſſe ſe conſiderant dans l'eau.

Seſe dum deperit perit.

Contre l'Amour propre.

Minerue tenant l'Oliuier au milieu du Chef

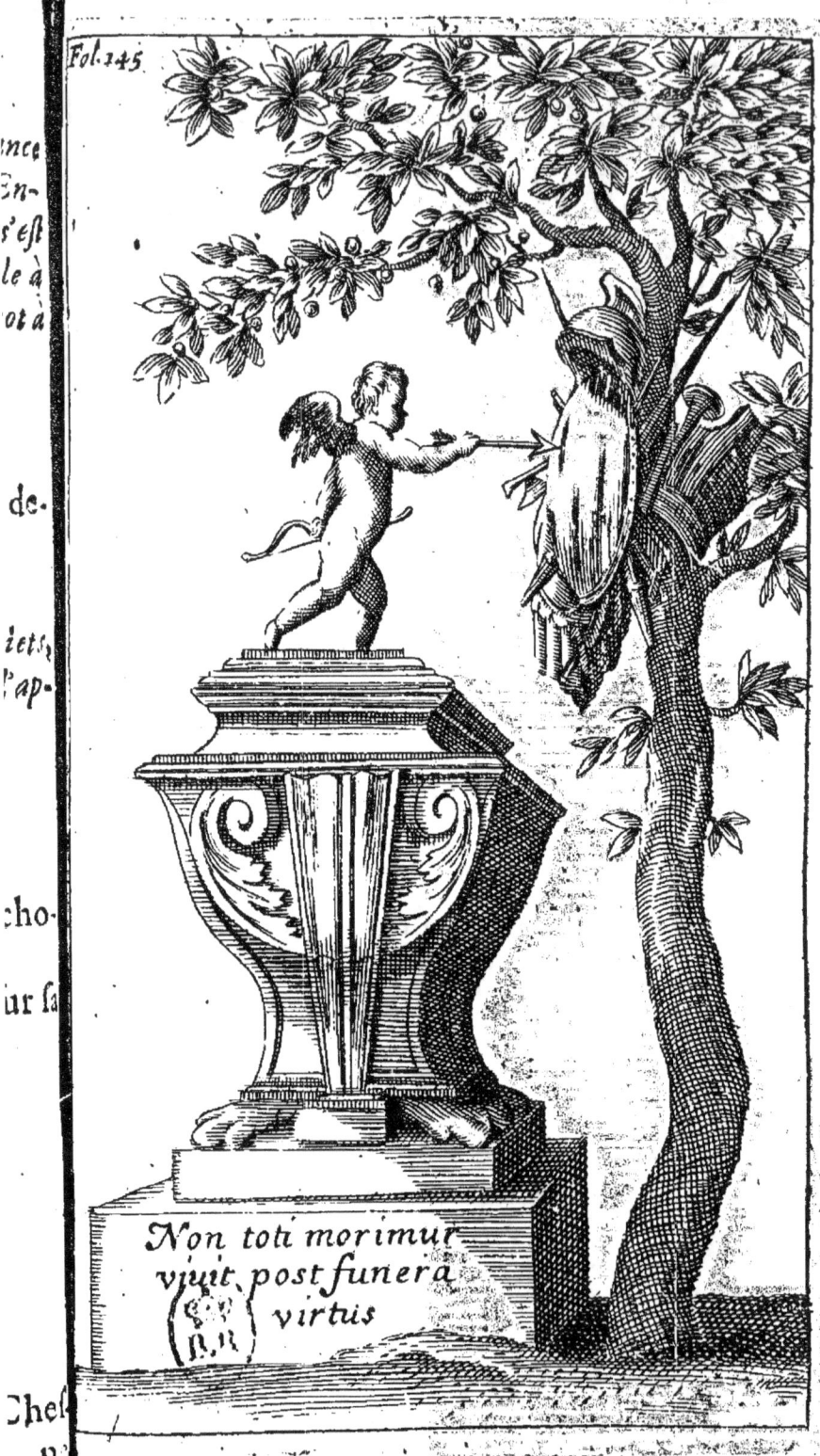

Non toti morimur
viuit post funera
virtus

ne, du Pin, du Laurier, du Myrthe & du Peuplier choisis par les autres Dieux.

Nisi vtile est quod facimus stulta
est gloria.

Cét Embleme est tiré des Fables de Phedre.

Amphion qui bastit la Ville de Thebes en iouant du Luth.

Concordia Construit Vrbes.

EMBLEMES PARTICVLIERS
De quelques Personnes illustres, & de quelques Familles.

Q Voy qu'il soit plus ordinaire aux Person-nes illustres de prendre des Deuises que des Emblemes, il s'en trouue neantmoins plu-sieurs, qui en ont pris pour exprimer des pen-sées particulieres. Paul Ioue en a meslé quel-ques vns parmy les Deuises qu'il a recueillies, & nous en trouuons quelques autres, dans les Ou-urages de ceux qui ont écrit sur le mesme Sujet.

Monseigneur Pierre Scarron Euesque & Prin-ce de Grenoble, porte pour Embleme la Colom-ne des Hebreux qui leur faisoit ombre durant le iour, & les éclairoit durant la nuict, auec ce mot.

Vis duplex fulget in vno.

Pour dire en figure qu'il instruit ses Dioce-sains & qu'il les protege, pour marquer les deux Fonctions qu'il a exercées de Conseiller au Par-lement de Paris, & d'Euesque, & pour designer les deux qualitez qu'il a de Seigneur Spirituel & Temporel.

Le Cardinal de Birague Chancelier de France auoit autrefois pour Embleme cette mefme
Colomne auec vn globe de feu au deffus & ces
mots.

Non cedunt ignibus ignes.

Pour fignifier que s'il receuoit des illuftra-
tions & des ardeurs celeftes il y refpondoit auffi
par des feux, & par vne ferueur agiffante. Dépuis eftant Cardinal il prit l'Agneau immolé de
l'Apocalypfe auec cette Anagramme de fon nom
qui en faifoit la Sentence.

Gall. Pur-
pur.

Rubet Agnus Aris.
Renatus Biragus.

Albert Duc de Bauiere portoit pour Embleme
vn Lion qui careffoit vn Chien, & vn Hercule

Ruffelli.

qui terraffoit vn Lion auec ces vers.

Parcere fubiectis & debellare fuperbos.

Le Pape Gregoire XI. portoit vn Phenix fur
fon Bucher tenant au bec les Clefs de l'Eglife,&
regardant le Soleil auec ce mot.

Serie Immortali.

Medaille

Pour montrer la fucceffion continuelle des
Chefs de l'Eglife qui font vniques comme le
Phenix. On void encore en l'Archeuefché de
Lyon, & au College de Tournon celles de François Cardinal de Tournon, qui eftoit la Manne
tombant du Ciel auec deux mains qui la recueil-
loient & ces mots.

Non quæ fuper terram.

Iean Pierre Marquis de Polignan. Tantale au
milieu des Eaux & fous vn pommier.

Ouid.

Inopem me copia fecit.

Gilbert

Gilbert de Combauld, Secretaire du Roy &
de ses Finances, dépuis grand Audiancier, portoit
pour Embleme : Vn Moyse adorant au' pied d'vn
Autel les tables portées par vn Bras issant d'vne
nuë le tout dans vn Rocher remply d'vne fumée
espaisse auec ces paroles qui faisoient l'Anagramme de son nom.

Hozier
geneal de
Cōbauld.

Gilbertus Combaldeius,
Dei sub vmbrâ leges Colit.

L'occasion qu'il eut de prendre cét Embleme
fut qu'il s'attacha à l'estude des Lois, tandis que
son Frere & les autres de sa Famille seruoient le
Roy dans ses armées. Il y seruit aussi dépuis,
sous Henry I V. & eut l'honneur de receuoir de la main de ce Prince son baston de
Guerre auec lequel il commanda en l'absence du
Roy l'espace de plusieurs heures à l'armée em-
ployée à des Fortifications.

Charles de Combauld Seigneur de Fercourt,
la Boissiere & petit Fils de ce Gilbert, ayant fait
renouueller l'éclat de sa Famille par vn Arrest
obtenu de la Cour des Aydes de Paris apres la
iustification de son ancienne Noblesse & Extra-
ction de l'Illustre Famille de Bourbon ancien,
pour souuenir de la belle action d'vn de ses
Ayeux qui couurit de sa cotte d'Armes, Charles
de Bourbon son Maistre tué à l'Escalade de Rome, où les esperances du Capitaine Combauld
& de sa Famille furent ruinées ; ce Charles de
Combauld, dis-je, a pris pour Embleme l'ancienne Rome ruinée auec cemot tiré de l'Hercule furieux de Seneque.

Solum mihi nomen relictum est.

Pour signifier que comme cette grande Ville
n'a plus rien de son ancien éclat que le nom qui
luy reste, de mesme il ne luy reste rien des anciens titres & dignitez de sa famille que le nom,
ce sentiment modeste est élegamment expliqué
en ces vers.

Adesse ruinas dum vides veterem putas
Adesse Romam ? cernis hîc Roma quidem
Rudera situmque, Roma, sed subtùs latet:
Latet sub isto pondere immenso suis
Sepulta molibus & vetus fundat nouam.
Tamen ista veterem quarit, & Roma in suis
Romam ruinis ore luctifico vocat.
Ita est prioris Roma sum Roma leuis
Imago tantùm qua malè exemplar refert.
Orbis fuisse subditi quondam caput
Dominamque meminit exigua hæc pars mei
vel vmbra potius iuris antiqui fugax :
Et nunc perire nescium Solum mihi
Nomen relictum est. Cætera eripuit furor,
Superestque solùm, Roma quod (Roma licet
Nihil superfit) semper à cunctis vocor,
Horrenda series cladium tanta prior
Euersionis causa, supremum malum.
Combaldus, aptè cum ducem texit sago,
Victumque fecit artè victorem sua,
Solamen istud restat ærumnis, meis
Quod casus, idem casus authoris fuit.

Louïs Cardinal de Guize vne Table chargée
de plusieurs Zeros auec cette Sentence modeste.

Hoc per se nihil est sed si minimum
addideris Maximum erit.

Le Cardinal Antoine de Crequy la Colomne

des Hebreux auec cette Sentence.

Certa ſalutis priſca Lux dux.

Il prit cét Embleme durât les troubles de l'Hereſie, pour montrer ſa fermeté dans la Religion Catholique, affermie ſur les traditiós de l'écriture

Maximilien de Bethune grand Maiſtre de l'Artillerie portoit vn Aigle tenant vn foudre.

Quo iuſſa Iouis.

On void cét Embleme dans diuers lieux de l'Arſenal de Paris.

Louïs Frere de Galeas Duc de Milan ayant pris pour deuiſe vn Meurier, qui fleurit le dernier de tous les Arbres, & qui eſt en ce ſens le Symbole de la Prudence fut appellé des Italiens, *Il moro* à cauſe que cét Arbre eſt ainſi nommé en langue Italienne; ce nom luy ayant aggrée, Il prit pour Embleme vn petit More qui vergettoit la Robe d'vne Nymphe qui repreſentoit l'Italie, dont les Villes eſtoient releuées en broderie ſur cette veſte, Il vouloit ſignifier par cét Embleme qu'il nettoyoit l'Italie : mais l'Ambaſſadeur de Florence à qui il fit voir cette peinture luy répondit agreablement que ce More en ſecoüant la pouſſiere de cette robe la receuoit toute ſur ſoy, ce qui fut vray pour ce Prince mal-heureux qui mourut en France dans le Chaſteau de Loches où il eſtoit Priſonnier.

Le Marquis d'Effiat pour monſtrer ſon empreſſement à ſeruir le Roy en quelque employ que ce fut auoit pris pour Embleme vn Hercule portant le Ciel dont il dechargeoit Atlas, auec ces mots.

Quid

Quidquid eſt iuſſum, leue eſt.

Nicolas Brulart Seigneur de Sillery Chancelier de France auoit pour Embleme le Soleil tiré ſur ſon Char faiſant le tour du monde auec ce demy vers.

Labor actus in orbem.

Il voulut exprimer par cét Embleme les diuers Employs qu'il auoit eu ayant eſté Conſeiller, Preſident aux enqueſtes , puis en la grand Chambre du Parlement de Paris, employé aux Ambaſſades des Griſons & Suiſſes , au traité de Veruins , à l'Ambaſſade de Rome, à la concluſion du Mariage entre Henry le grand & Marie de Medicis.

L'Embleme d'Emery de Vic Garde des Sceaux eſt le Symbole d'vn Iuge incorruptibe c'eſtoit la Iuſtice tenant ſa balance ferme dans l'Equilibre auec ces mots.

Nec prece nec pretio.

Henry III. Roy de France & de Pologne les Courónes de France & de Pologne auec la celeſte.

Manet vltima cœlo.

Le meſme auoit fait grauer en vne medaille le Roy des Abeilles au milieu d'vn Eſſaim auec cette ſentence.

Plebis amor Regis cuſtodia.

Le Grand Maiſtre de Verdale, la grüe & le Renard d'Eſope,

Fraus Fraude compenſatur.

Perin Cardinal Gonzague , Hercule combattant l'Hidre.

Tu ne cede malis.

Le Pere Breſſer en ſon traité de la Conſcience

à

diftingué par cinq Emblemes les cinq attributs qu'on luy donne ordinairement, de conscience droite, Probable, Douteuse, scrupuleuse, & errenée. Le 1. eft vn amour qui tient le plomb des Architectes auec ce mot *Conscia Recti.* Vn autre tient vne balance pour la feconde auec cette Ame.

Vtrinque pari libramine nutat.

Vn troifiefme tient pour la douteufe le balancier d'vne Horloge auec cette deuife.

Nunc huc, nunc vertitur illuc.

Le quatriefme fe regarde dans vne eau tranquille dãs laquelle il jette vn petit caillou, qui en trouble auffi toft la furface auec ce bout de vers.

Scrupo confunditur vno.

Le dernier eft vn petit amour qui fuit en voyant fon ombre dont il a peur.

Sua error ab vmbra.

Iules III. Pape. Atlas courbé fous le Ciel qu'il porte.

Immane pondus vires infractæ.

Ce Pape vouloit fignifier que quelque pefante que fut la charge de toute l'Eglife il auoit des forces pour la foutenir.

Charles Quint faifant la Guerre aux Proteftans auoit pris pour Embleme Iupiter affis au milieu des Dieux, & foudroyant les Geans.

Difcite Iuftitiam moniti.

Et celuy cy. Vn Hercule abbatant les teftes de l'Hydre.

Tu ne cede malis.

Philippe II. Roy d'Efpagne ayant pris l'Ad-

miniſtration des Eſtats de ſon Pere Charles V.
apres la Demiſſion volontaire de cét Empereur.
Hercule portant le Ciel.

Vt quieſcat Atlas.

Les Eſtats de Hollande, vn Iardinier qui fait
des Entes.

Si non nobis ſaltem poſteris.

Robert Diedley Comte de Leiceſtre ayant eſté
enuoyé Gouuerneur des Pays bas par Eliſabeth
d'Angleterre à qui ils eſtoient engagez, ne répondit pas à l'eſperance que ces Peuples auoient
conceu de ſon Adminiſtration, & ſe voyant rap-
pellé, il diſtribua à ſes amis des Medailles dont
le reuers repreſentoit vn Troupeau qu'vn Chien
abandonnoit auec ces mots.

Non gregem, ſed ingratos inuitus deſero

Maurice Prince d'Orange. Vn gros Oranger
chargé de fruits ſortant d'vn tronc coupé.

Tandem fit ſurculus arbor.

Ce Prince voyant que ſon Pere Guillaume auoit
eſté tué & qu'il eſtoit encore ieune, ne laiſſa pas de
conceuoir de bonnes eſperances du ſuccez de ſes Affai-
res, & prit pour exprimer ſes ſentimens cét Emble-
me dont Luchius dit.

Inuentio Emblematis elegans admodum
plenaque ſolertis ingenij eſt.

EMBLEMES

Typus humanæ vitæ

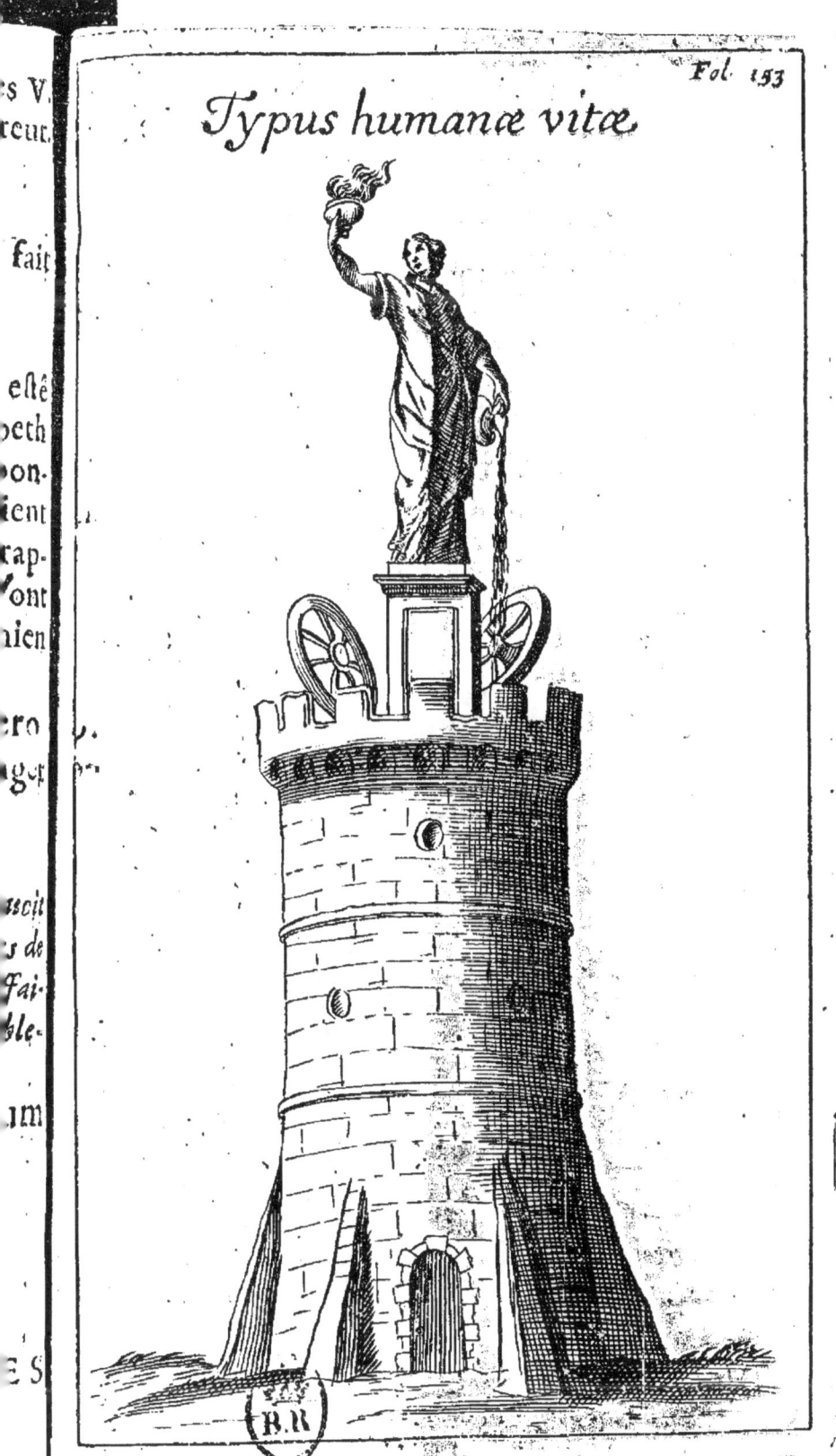

EMBLEMES MESLEZ
L'Image Emblematique de la vie.
Typus humanæ vitæ.

CEtte peinture ne vous arreste pas moins, que le fameux Tableau de Cebes arresta autrefois deux Estrangers qui le virent dans le Temple de Saturne. Cette Tour esleuée, ces Rouës, & cette Figure moitié blanche moitié noire, qui tient le feu d'vne main, & l'eau d'vne autre qu'elle verse sur vne des Rouës vous semblent vn Enigme difficile à déchifrer. Aussi est-ce vn de ces Emblemes obscurs, qui ont besoin des lumieres de leurs Autheurs ou de celles des Personnes sçauantes pour estre manifestez. C'est l'image de la vie des hommes la porte obscure par laquelle on entre dans cette Tour est la porte de la vie, & les quatre parties de cette Masse, sont les quatre Aages qui la composent. L'Enfance est appuyée de quatre Buttes, pour apprendre qne cét Aage le plus foible de tous, a besoin d'appuy. La seconde & la troisiesme partie, qui sont plus eleuées, representent l'adolescence & l'aage viril, qui sont plus esclairez que l'enfance. La quatriesme partie qui est la plus courte de toutes, & la plus exposée aux iniures des temps est la vieillesse, les Creneaux qui semblent couronner cette Partie plus eleuée que les autres, & d'où l'on decouure des Pays plus eloignez, sont le symbole de l'Experience, qui est le caractere de cét aage. Cette Figure partagée de blanc & de noir est la Vie elle mesme diuisée

en iours & en nuits. Le Feu qu'elle tient eleué
en haut de la droite, est l'image de l'Esprit , qui
est dans des agitations côtinuelles, & qui se porte en haut comme cét Element , mais il est dans
vn vase de terre, qui represente le corps. Cette
Partie spirituelle de l'homme n'est faite que pour
le Ciel, comme la materielle representée par l'eau,
coule & deschoit incessamment. Sur la rouë du
temps, la Base qui soutient cette Figure, est l'expression de la vertu , qui affermit les esperances
de la vie , au lieu que la Fortune designée par
l'autre rouë , la rend aussi inconstante que cette
rouë est mobile & facile à renuerser.

EMBLEMES

Sic sensim sine sensu arctatur vita.

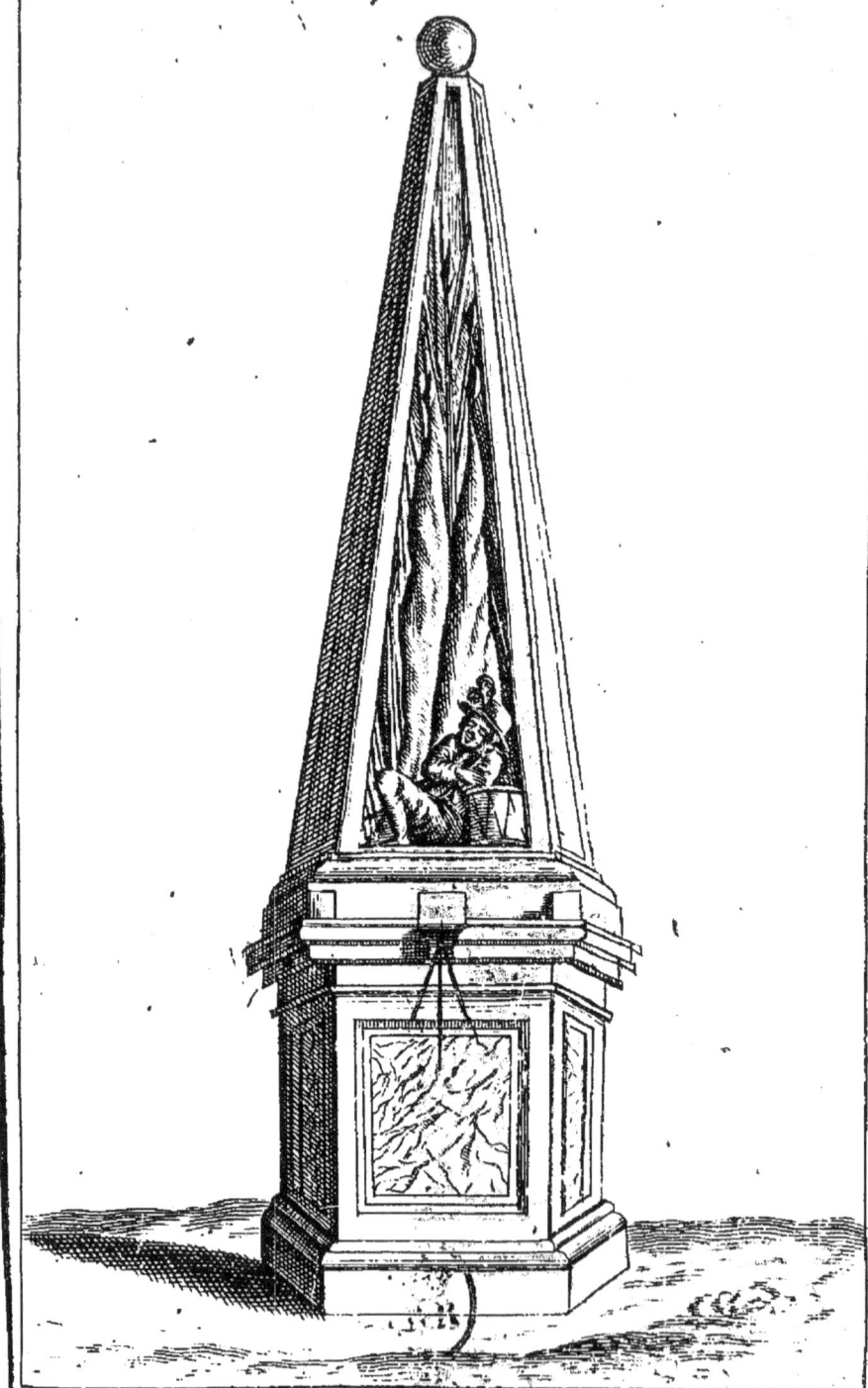

S

EMBLESMES MESLEZ.

Vne Pyramide.

Sic senfim fine fenfu arctatur vita.

VNe Lampe fufpenduë à des filets bien de-
liez, Minerue y verfe de l'huile pour entretenir la mefche alluinée, tandis qu'vn Squelette troüe au deffous cette Lampe, & fait écou-
ler toute l'huile.

Dum crefcit vita, decrefcit.

Quantum vitæ additur, de eadem tan-
tum demitur.

Les Dieux [fur le Ciel occupez à faire des
Bouteilles de Sauon, qui volent en l'air.

Dij nos vt pilas habent.

Ces Bouteilles font receuës dans vn grand
Baffin, & quatre Ioüeurs pofez aux quatre coins
agitent ces Bouteilles en foufflant. L'vn veftu
de blanc, couronné de fleurs & riant eft la Ioye.
Celuy qui luy eft oppofé veftu de noir, coeffé
d'vn Hibou & Melancholique, eft la Triftefe.
Le troifiefme veftu de verd eft l'Efperance, & le
quatriefme vis à vis d'Elle, eft la Crainte pafle &
veftuë de poil de Biche. L'infcription eft

*Homo Bulla.

L'Amour & la Haine armez de Flefches bien
differentes, tirent contre ces Bouteilles, & les
font creuer.

Le Napel dont la fleur femble vne tefte de
mort,

N 3

In iuuentutis flore sæpè mors apparet.

Les Pressoirs des crimes. Aman sous celuy de la superbe, dont Mardochée tournoit la vis. Zoïle sous celuy de l'enuie tourné par Homere. Aiax sous celuy de la colere pressé par des furies Midas sous celuy de l'auarice &c. auec ces deux vers de la Tragedie de Seneque.

Quod quisque fecit patitur, auctorem suum.

Repetit, premitque crimen, vt pœnas luat.

Cadmus semant les dents d'vn Dragon dont naissent des Hommes armez, qui combattent.

Feri seminis cruenta Messis.

La discorde ne produit que des maux funestes, & les semences de la dissension, ne font recueillir que des troubles & des desordres.

Vn amour qui brûle vn tas d'armes auec son Flambeau allumé.

Compescuit ignibus ignes.

Pour le Mariage du Roy, qui a causé la Paix.

Vlisse & ses Compagnons liez aux Mats de leurs Vaisseaux, & se bouchans les oreilles tandis que des Syrenes chantent & iouent des instrumens.

Vos canitis surdis, canitisque ligatis.

Pour les Personnes Religieuses qui ferment les oreilles aux Appas du Monde, & lient leur liberté par des Vœux volontaires.

Les mesmes figures auec vne seule Syrene & ce mot & ces vers.

Oblectat vt opprimat.

Si le Monde Enchanteur te rappelle à ſes Loys
Pour quitter de tes vœux les douceurs nompareilles,
Garde toy d'écouter les charmes de ſa voix.
Mais trempe la Syrene en bouchant tes oreilles.

La Fortune qui accable vn jeune Homme
ſous des Armes dorées.

Fortuna quos ornat & premit.

La Fortune qui iette des rayons de lumiere à
vne Perſonne dont elle s'approche, & qui fait
ombre à vn autre dont elle ſe retire.

Ad quem venit ſplendorem oſtendit,
à quo recedit vmbram.

Xerxes qui fait attacher des chaiſnes d'or au
Platane ſous lequel il s'eſtoit repoſé.

Splendor ab vmbrâ.

Pour vne Perſonne qui ſe rend illuſtre pour
auoir protegé vn vaillant Homme.

La Statuë de Memnon opposée au Soleil
leuant.

Non sò parlar ſe non mi regardi.

Ie ne ſçay pas parler ſi tu ne me regarde.

Le Predicateur a beſoin des lumieres du S. Eſprit
pour perſuader à ſes Auditeurs les veritez Euan-
geliques.

* L'auarice qui ouure la terre d'où ſortent les
richeſſes accompagnées de tous les vices, & de
tous les maux.

Hæc effodit opes irritamenta malorùm.

S. Lucien Martyr conſacrant ſur ſa poictrine
la en Priſon.

Idem ara, Sacerdos,
Victimaque.

Pour

Pour l'inſtitution du S. Sacrement par le Fils de Dieu.

Vn Eſpoux Lacedemonien voilé le iour de ſes Nopces.

Vt nubat ſeſe obnubit.

Le Fils de Dieu ſe couure des accidens du pain pour contracter auec nous vne aliance toute Diuine en la participation de l'Euchariſtie.

Vne troupe de Cupidons ſortans du ventre du Cheual de Troye auec des Flambeaux allümez.

Venter incendit venerem.

La Gourmandiſe porte à la Luxure.

Des Courbeaux qui ont le col lié, & qui peſchent des poiſſons qu'ils ne peuuent engloutir.

Non ſibi ſed aliis.

Les Indiens au rapport de Maffée ſe ſeruent de ces Oiſeaux pour la Peſche, en leur liant ainſi le col. Ils repreſentent les Auares, qui ieuſnent pour enrichir leurs Enfans.

L'eſpine deſcharnée d'vn poiſſon.

Poſt Eſum ſpina vna ſubeſt.

Pour vne Perſonne à qui il reſte le regret d'auoir rompu le ieuſne.

* La Fortune accablée ſous des Couronnes, des Mitres, des Thiares, & cent autres marques d'honneur que luy iettent Carloman, Charles Quint, S. Pierre Celeſtin, & pluſieurs Prelats qui ont renoncé à leurs dignitez auec cette Sentence.

Les Sages ſe vangent de la Fortune

Orphée attirant les Animaux au ſon de ſa Lyre.

Vltrò veniunt quod amore trahantur.

Le P. Augustin Chesneau Religieux de l'ordre de S.Augustin applique cét Embleme au Sacrement de l'Eucharistie en son Orphée Eucharistique.

Les Sacs des Freres de Ioseph pleins de Froment & de l'Argent, qu'ils auoient donné pour l'achepter.

Rem, pretiumque
Magnificus largitur Amor.

Le mesme Autheur l'applique au mesme sujet.

Le Pape Theodore, souscriuant la condamnation des Monothelites Heretiques auec la plume trempée dans le Calice.

Res dura, salutis

Damnari pretio.

Pour ceux qui communient indignement.

Vn Chien qui ronge vn Cadaure dans vn Cimetiere.

Parce sepulto.

Pour ceux qui dechirent la reputation des Morts.

La Statuë de Memnon que le Soleil leuant fait parler.

* ## Me dum oritur facit esse loquacem.

Pour la Natiuité de S. Iean Baptiste, qui rendit la Parole à Zacharie son Pere.

Le Signe de la Vierge, qui est entré le Lyon & la Balance.

Inter fortitudinem & temperantiam.

La Virginité se maintient par ces deux vertus dont l'vne empesche les approches de l'Ennemy & l'autre le desarme.

O

Les Temples Romains.

Fictilibus creuere dijs.

Pour les magnifiques Maisons de ceux qui est
sortis d'vne basse naissance se dressent des Lou-
ures & des Palais. Ce demy vers est d'vn Poëte
qui l'applique aux Temples de ses Dieux.

Le Temps qui inuente les Arts & qui les
aide dans leurs trauaux.

— *Tempus artium Inuentor, & adiutor bo-*
nus. Arist. 1. Ethic. 7.

De petits ruisseaux qui se ioignans ensemble
forment vne grosse riuiere.

Concordia res parua crescunt.

ADVIS

ADVIS.

CE Liure ayant demeuré plus d'vn an fous la Preſſe a des choſes, qui ne couiennent plus à ce Temps, & qui eſtoient pour lors, plus conformes à mon deſſein, comme en la Page 11. Ie promettois d'adjouſter le projet de mon veritable Art du Blaſon que i'ay deſia donné, & ailleurs il y a des refléxions particulieres attachées au temps auquel i'écriuois ce traité, qui paroiſtront maintenant vn peu detachées. I'ay auſſi eſté obligé de repeter en ma Iuſtification du Blaſon le Chiffre du Roy René, qui eſtoit des-ja imprimé icy.

Les fautes ſuruenuës à l'Impreſſion ſont aſſez aisées à connoiſtre. Les principales ſont Maſſe *pour* Maſſuë. Regardi *pour* Reguardi, *&c.*

TABLE.

TABLE.

FIN.

GOSVVINVS NICKEL
Societatis Iesv,
Prapositus Generalis,

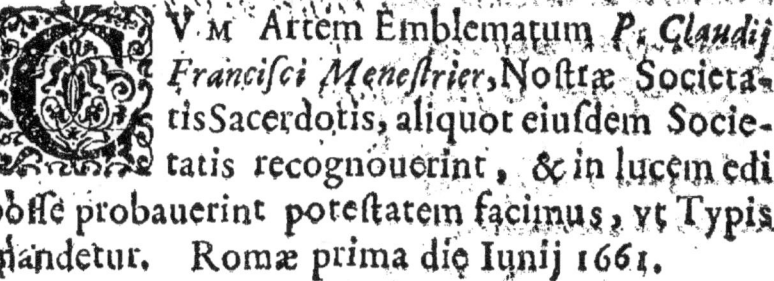

VM Artem Emblematum *P. Claudij Francisci Meneſtrier,* Noſtræ Societatis Sacerdotis, aliquot eiuſdem Societatis recognouerint, & in lucem edi poſſe probauerint poteſtatem facimus, vt Typis mandetur. Romæ prima die Iunij 1661.

GOSWINVS NICKEL.

EDitioni huius artis Emblematum *P. Claudij Franciſi Meneſtrier* Societatis Iesv, Lubenter annuimus Lugduni die 2. Iunij 1662.

DENEVFVILLE, Vic. Gen.

PERMISSION.

VEu l'approbation du fleur Vicaire General, du deuxiéme du prefent mois : Ie n'empefche pour le Roy, que le Liure Intitulé L'Art des Emblemes. Composé Par le R. P. *Claude François Meneftrier*, de la Compagnie de IESVS. Soit Imprimé & mis au Iour par BENOIST CORAL, Marchand Libraire de cette Ville auec défençe à tous autres en tel Cas requifes & accouftumées. Fait à Lyon, ce 5. Iuin 16 2.

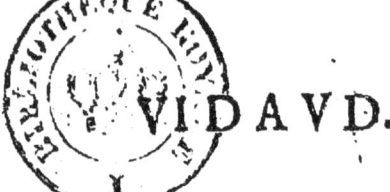

VIDAVD.

CONSENTEMENT.

SOIT Fait fuiuant les Conclufions du Procureur du Roy, le fixiefme Iuin. 1662.

DV SAVZEY.

Iuin 2s mai 1748.

www.ingramcontent.com/pod-product-compliance
Lightning Source LLC
Chambersburg PA
CBHW071537220526
45469CB00003B/824